Zhongguo Tese Qiye Xinxing Xuetuzhi Peixun Jiaocai

中国特色企业新型学徒制培训教材

法律常识

（第二版）

人力资源社会保障部教材办公室　组织编写

中国特色企业新型学徒制培训教材编审委员会

主　任：刘　康　张　斌　韩智力

副主任：王晓君　葛　玮

委　员：杨　奕　项声闻　赵　欢　张晓燕　郑丽媛　邓小龙

本书编审人员

主　编：郝金艳

副主编：李立威

参　编：李　巍　来　陟　夏铁力

主　审：宋春杨

中国劳动社会保障出版社

内容简介

本书是中国特色企业新型学徒制培训教材通用素质课程教材中的一种，主要内容包括增强法律意识、劳动关系、社会保险、劳动权益、知识产权与商业秘密。

本书适用于各类企业与职业院校、职业培训机构、企业培训中心等教育培训机构开展中国特色企业新型学徒制培训，也适用于企业岗位技能培训和就业技能培训。

图书在版编目（CIP）数据

法律常识 / 人力资源社会保障部教材办公室组织编写 . -- 2 版 . -- 北京：中国劳动社会保障出版社，2022

中国特色企业新型学徒制培训教材

ISBN 978-7-5167-5497-9

Ⅰ. ①法… Ⅱ. ①人… Ⅲ. ①法律 - 中国 - 教材 Ⅳ. ①D92

中国版本图书馆 CIP 数据核字（2022）第 134575 号

中国劳动社会保障出版社出版发行

（北京市惠新东街 1 号 邮政编码：100029）

*

北京市白帆印务有限公司印刷装订 新华书店经销

787 毫米 ×1092 毫米 16 开本 6.5 印张 103 千字

2022 年 10 月第 2 版 2024 年 4 月第 3 次印刷

定价：20.00 元

营销中心电话：400-606-6496

出版社网址：http://www.class.com.cn

前　　言

为贯彻《关于加强新时代高技能人才队伍建设的意见》文件精神，落实《关于全面推行中国特色企业新型学徒制　加强技能人才培养的指导意见》（人社部发〔2021〕39号）有关要求，适应规范化、标准化、制度化开展企业新型学徒制培训对教材的需求，建立完善适应新时代企业新型学徒制培训需求的高质量教学资源体系，人力资源社会保障部教材办公室组织有关行业、企业、院校和培训机构的专家编写了中国特色企业新型学徒制培训教材。

中国特色企业新型学徒制培训教材依据国家职业技能标准、职业培训课程规范等进行开发。以培养劳模精神、劳动精神、工匠精神为引领，主动对接学徒生产实际，强化职业道德、职业素养及职业能力培养，积极适应产业变革、技术变革、组织变革和企业技术创新等需求。以工作过程、学习行动、问题解决为导向，有机融合理论培训与实践培训内容，贴近学徒实际水平、贴近企业实际需要、贴近岗位工作现场。

中国特色企业新型学徒制培训教材包括通用素质课程教材和专业基础课程教材两类。其中，通用素质课程教材注重对学徒综合素质和可迁移技能的培养，促进其具备良好职业道德、职业素养及职业能力，能够安全胜任岗位工作；专业基础课程教材注重对学徒专业基础知识和基本技能的培养，促进其适应有关职业（工种）技能的学习。

首批开发的中国特色企业新型学徒制培训教材依据通用素质课程培训大纲、机械类专业基础课程培训大纲、电工电子类专业基础课程培训大纲、汽车类专业基础课程培训大纲编写，具体包括《劳模精神　劳动精神　工匠精神》等9种通用素质课程教材，以及机械类、电工电子类、汽车类等专业大类的10种专业基础课程教材。

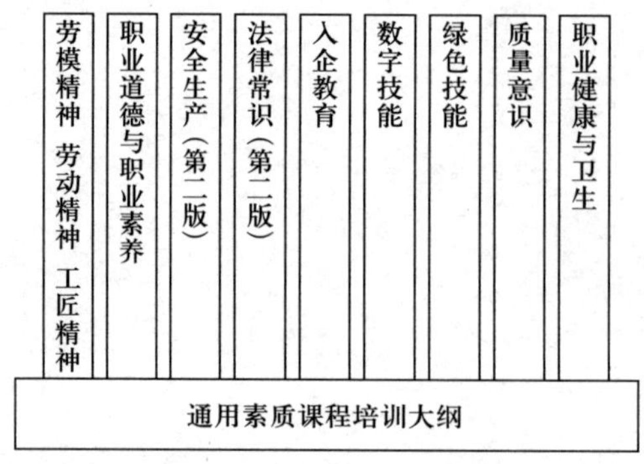

通用素质课程教材体系

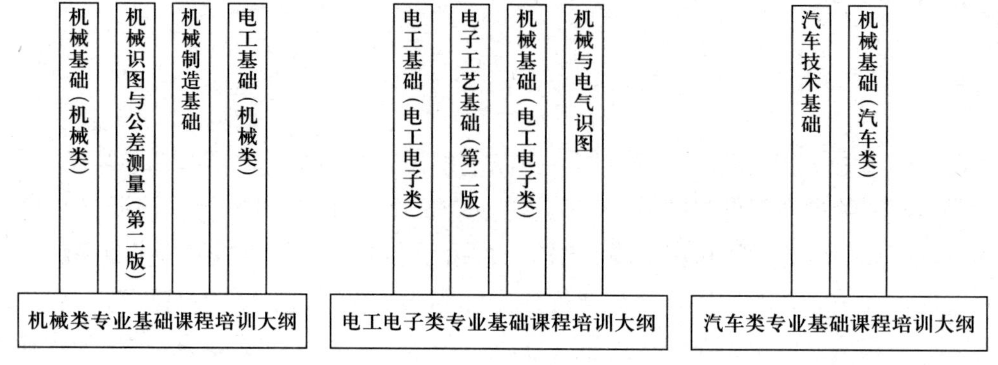

专业基础课程教材体系

本教材是开展中国特色企业新型学徒制培训的重要教学资源。主体读者对象为参加企业新型学徒制培训人员，也适用于企业岗位技能培训和就业技能培训人员。

本教材由郝金艳担任主编、李立威担任副主编，李巍负责统稿。本教材第 1 章由郝金艳编写，第 2 章由来陟编写，第 3 章由李巍编写，第 4 章由夏铁力编写，第 5 章由李立威编写。本教材在开发过程中得到了北京、内蒙古、辽宁、浙江、山东、河南、广东、重庆、陕西等地人力资源社会保障厅（局）及相关企业、院校、培训机构的大力支持与协助，在此一并表示衷心的感谢。欢迎读者对完善本教材提出宝贵意见。

人力资源社会保障部教材办公室

目录

第 3 章 社会保险 /040

第 4 章 劳动权益 /048

增强法律意识

1.1 尊法 学法

1.1.1 法的概念、特征和作用

1. 法的概念

法是由国家制定或认可并以国家强制力保证实施的行为规范体系，它通过规定人们在相互关系中的权利和义务，确认、保护和发展社会关系和社会秩序。

法有广义和狭义之分。广义的法律是指法的整体，包括法律、有法律效力的解释以及行政机关为执行法律而制定的规范性文件（如规章）。而狭义的法律则指全国人民代表大会及其常务委员会制定的规范性法律文件。

2. 法的特征

（1）法是调整行为的规范，具有规范性

行为是法律调整的对象，法律只调整人的外在行为，不干预人的思想。举例来说，一个人意图抢劫，但他只是在脑中产生了这种犯罪的念头，并没有付诸行动，那么对于他这种念头，法律是不能干预的。

法律具有规范性，是一般的、概括的规则，不针对具体的人和事。法律被制定出来后具有普遍的适用性，在其生效期内可以反复被适用在一国范围之内，任何人的合法行为都无一例外地受法的保护；任何人的违法行为，也都无一例外地

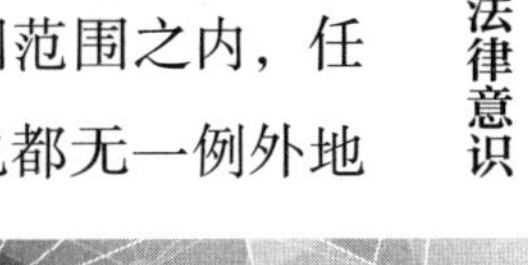

受法的制裁。法不是为特别保护个别人的利益而制定，也不是为特别约束个别人的行为而设立。

（2）法是由国家专门机关制定、认可和解释的规范，具有国家性

国家的存在是法存在的前提条件。一切法的产生，大体上都是通过制定、认可和解释这三种途径。所谓法的制定，是指法定的国家机关，依照法定的职权和程序创制、认可、修改和废止法律和规范性法律文件的活动，我国的各部法律（宪法、刑法等）即属此类。所谓法的认可，是指国家通过一定的方式承认其他社会规范（道德、宗教、风俗、习惯等）具有法律效力的活动。所谓法的解释，是指法定的国家机关，依照法定职权和程序，按照既定的标准和原则对法律所作的阐释。

（3）法是有严格程序规定的规范，具有程序性

法是强调程序、规定程序和实行程序的规范。也可以说，法是一个程序制度化的体系或制度化解决问题的程序。程序是社会制度化最重要的基石，程序性也是法的一个重要特征。一个没有程序或不严格遵守和服从程序的国家，就不会是一个法治国家。在法律领域，程序是人们实施法律行为在时间上和空间上必须遵循的法定步骤和方式，法的制定要符合一定的程序，法的实施也要符合程序。例如，诉讼法就极为强调程序性，所以又被称为程序法。一般来说，三大诉讼法虽各有特色，但基本程序是共通的，包括开庭前的准备、法庭调查、法庭辩论、被告人最后陈述（刑事案件）或双方当事人最后发言（民事案件）、合议庭退庭评议、当庭宣判或定期宣判。

（4）法是由国家强制力保证其实施的规范体系，具有强制性

一切社会规范都具有强制性，都有保证其实施的社会力量。所谓强制性，是指各种社会规范所具有的、借助一定的社会力量来强迫人们遵守的性质。例如，道德规范主要依靠社会舆论、传统习惯以及人们的内心确信等加以维持，违反道德规范不仅要受到社会舆论直接或间接的蔑视和批评，承受相应的道德责任和道德制裁，而且也会受到自我良心的谴责，道德规范由此而在一定程度和范围内制约着人们的行为。宗教规范的实施主要是通过精神强制的方式，但也必须依靠清规戒律、惩罚制度来保证教徒遵守。

法不同于其他社会规范，它具有特殊的强制性，即国家强制性。法是以国家

强制力为后盾，由国家强制力保证实施的。在此意义上，所谓法的国家强制性，是指法依靠国家强制力保证实施、强迫人们遵守的性质。也就是说，不管人们的主观愿望如何，都必须遵守法律，否则将受到国家强制力的干涉，承担相应的法律责任。国家强制力是法实施的最后的保障手段。

相关知识

法与道德的关系

在社会调整系统中，法律和道德作为社会调整的有效手段，相辅相成，相互促进，协调发展。两者的区别主要表现为以下几方面。

（1）从调整对象来看，道德主要通过对人们内心的信念和思想动机活动的调整，而法律主要指向人们的外部行为的合法性。

（2）从调整范围来看，道德的调整范围比法律调整的范围要广，而法律调整的范围通常限于那些要求并且有可能由国家评价和保障的社会关系。

（3）从调整内容来看，两者是义务设定与权利保障的内在互动，道德调整侧重义务的履行，而法律调整的重心是对人的权利的保障。

（4）从调整手段来看，道德调整主要通过人们内在信念和社会舆论的谴责来保证人们对道德规范的遵守；而法律调整主要通过有组织的国家强制力来保证其实施。

法律与道德的联系具体表现在：法律是传播道德的有效手段，道德是实施法律的推动力量。法律规范必须要有道德作为价值基础，而且道德对法的实施起着不可忽视的促进作用，有些社会关系领域法律不能调整，在这些领域加强道德调整有助于弥补法律调整的不足。

3. 法的作用

（1）法具有规范作用。表现在以法律条文的形式明确告知人们可以做什么，不能做什么；哪些行为合法，哪些行为非法；违法者将受到什么制裁等。

（2）法具有预防作用。表现在法律的明示作用、执法效力和对违法行为的惩治力度上。人们在日常生活中，根据法律自觉调节和控制个人思想和行为，从而达到净化心灵、有效预防犯罪的社会效益。

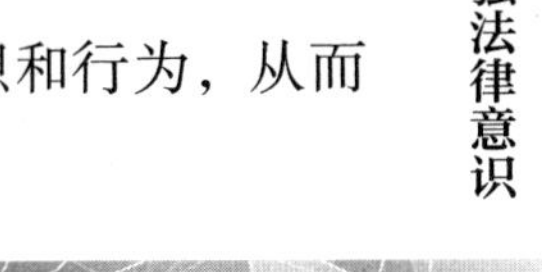

（3）法具有矫正作用。表现在通过法律的强制执行力来矫正社会中偏离法律轨道的不法行为，从而保证社会稳定运行。

1.1.2 我国社会主义法律体系

所谓法律体系，通常是指一个国家的全部现行法律规范，按照一定的原则和要求，根据法律规范的调整对象和调整方法的不同，划分为若干法律门类，并由这些法律门类及其所包括的不同法律规范形成相互有机联系的统一整体。

我国已形成了以宪法为统帅、由七个法律部门和三个层级的法律规范所构成的较为完备的法律体系，如图 1–1 所示。

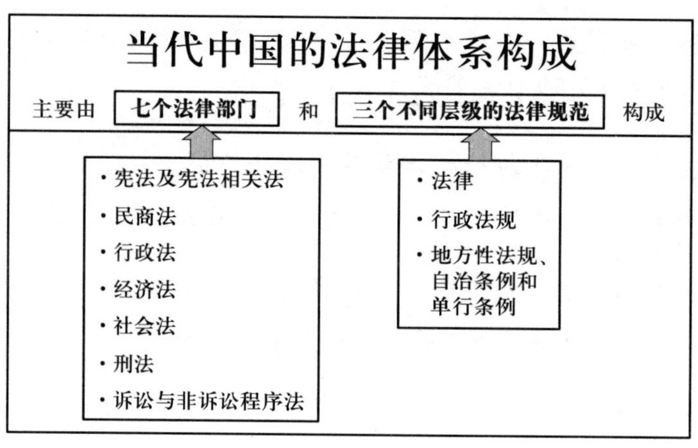

图 1–1 我国法律体系的构成

七个法律部门分别是宪法及宪法相关法、民商法、行政法、经济法、社会法、刑法、诉讼与非诉讼程序法，它们已经涵盖了我国需要法律规制和调整的各个社会关系领域。其中，民商法主要调整自然人、法人和其他社会组织之间以平等地位而发生的社会关系，行政法主要调整行政管理过程中所发生的社会关系，经济法主要调整因国家对市场经济活动进行干预、管理、调控所产生的社会关系，社会法主要调整劳动、社会保障、社会福利方面的社会关系，刑法主要调整因犯罪和刑罚而产生的社会关系，诉讼与非诉讼程序法主要调整因解决纠纷而产生的社会关系。

三个层级分别是法律、行政法规以及地方性法规、自治条例和单行条例。这三个层级法律规范的并存，既有利于维护全国法制的统一，又兼顾了地方的差异性和民族的多样性。其中，法律和行政法规属于全国统一适用的法律规范，地方性法规、自治条例和单行条例是在一定行政区域内适用的法律规范。法律是全国人大及其常委会制定的调整国家、社会和公民生活中的重大事项的规范性法律文件。行政法规是国务院为执行法律的规定和履行行政管理职权而制定的规范性法律文件。地方性法规是省、自治区、直辖市和较大的市根据本行政区域的具体情况和实际需要所制定的规范性法律文件。自治条例和单行条例是民族自治地方的人民代表大会依照当地民族的政治、经济和文化特点所制定的规范性法律文件。

上述七个部门和三个层级的法律规范的存在，从总体上已经满足了我国依法治国的需要。

1. 宪法

宪法是我国的根本大法。我国现行宪法是1982年第五届全国人民代表大会第五次会议通过的《中华人民共和国宪法》(以下简称《宪法》)，自1982年12月4日施行以来，分别于1988年、1993年、1999年、2004年和2018年经历了五次修正。

宪法规定了国家生活中最根本、最重要的方面。根据宪法，我国的国体是人民民主专政；政体是人民代表大会制度；基本经济制度是以公有制为主体、多种所有制经济共同发展，按劳分配为主体、多种分配方式并存，社会主义市场经济体制等；公民享有平等权、政治权利和自由、宗教信仰自由、人身自由、社会经济文化权利等基本权利。

宪法具有最高法律效力，任何其他法律都不能和宪法的原则、规定相抵触；在制定和修改程序上，宪法比其他法律更为严格。

2. 民法

民法旨在保障自然人、法人及非法人组织的合法民事权益。我国现行民法是2020年5月28日，第十三届全国人民代表大会第三次会议通过的《中华人民共和国民法典》(以下简称《民法典》)，自2021年1月1日起施行。同时，我国的婚姻法、继承法、民法通则、收养法、担保法、合同法、物权法、侵权责任法、民法总则九部民事单行法废止。

《民法典》被称为“社会生活的百科全书”，是新中国第一部以法典命名的法

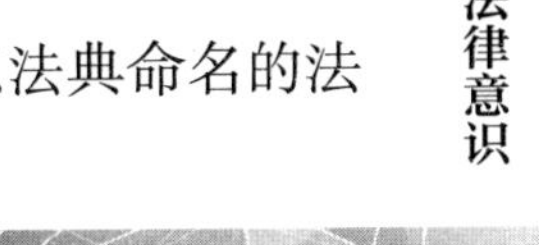

律，在法律体系中居于基础性地位，也是市场经济的基本法。

民法以平等原则为核心，遵循平等、自愿、公平、诚实信用、等价有偿原则。它调整的是人身关系和财产关系。

3. 刑法

刑法旨在惩罚犯罪，保护人民，保障国家安全和社会公共安全，维护社会主义社会秩序。我国现行刑法是1997年第八届全国人民代表大会第五次会议修订的《中华人民共和国刑法》（以下简称《刑法》）及之后陆续颁布的11个《中华人民共和国刑法修正案》。

刑法遵循罪刑法定、法律面前人人平等、罪刑相当等原则。即刑法是判定公民是否构成犯罪行为的依据；对任何人犯罪，在适用法律上一律平等；刑罚的轻重，应当与犯罪分子所犯罪行和承担的刑事责任相适应。

4. 劳动法

劳动法是调整劳动关系以及与劳动关系密切联系的社会关系的法律规范的总称。劳动法主要调整劳动关系，同时也调整因劳动力管理、社会保险和福利、职工民主管理、劳动争议处理等产生的其他社会关系，进而建立和维护适应社会主义市场经济劳动制度，促进经济发展与社会进步的。

我国主要的劳动法律、法规包括《中华人民共和国劳动法》（以下简称《劳动法》）、《中华人民共和国劳动合同法》（以下简称《劳动合同法》）、《中华人民共和国社会保险法》（以下简称《社会保险法》）、《中华人民共和国就业促进法》《中华人民共和国工会法》等。

1.1.3 社会主义法治国家

依法治国是坚持和发展中国特色社会主义的本质要求和重要保障，是实现国家治理体系和治理能力现代化的必然要求。2020年11月，党的历史上首次召开中央全面依法治国工作会议，中共中央总书记、国家主席、中央军委主席习近平出席会议并发表重要讲话，强调中国共产党历来重视法治建设。

在新民主主义革命时期，我们党就制定了《中华苏维埃共和国宪法大纲》以及大量法律法令，创造了“马锡五审判方式”。新中国成立后，在社会主义革命、社会主义建设时期，我们党领导人民制定了“五四宪法”和国家机构组织法、选举法、婚姻法等一系列重要法律、法规，建立起社会主义法制框架体系，确立了社会主义司法制度。进入改革开放历史新时期，我们党提出“有法可依、有法必依、执法必严、违法必究”的方针，强调依法治国是党领导人民治理国家的基本方略、依法执政是党治国理政的基本方式，不断推进社会主义法治建设。

党的十八大以来，党中央明确提出全面依法治国，并将其纳入“四个全面”战略布局予以有力推进。党的十八届四中全会专门进行研究，作出关于全面推进依法治国若干重大问题的决定。党的十九大召开后，党中央组建中央全面依法治国委员会，从全局和战略高度对全面依法治国又作出一系列重大决策部署，推动我国社会主义法治建设发生历史性变革、取得历史性成就。我们把“中国共产党领导是中国特色社会主义最本质的特征”写入宪法，完善党领导立法、保证执法、支持司法、带头守法制度，党对全面依法治国的领导更加坚强有力。我们完善顶层设计，统筹推进法律规范、法治实施、法治监督、法治保障和党内法规体系建设，全面依法治国总体格局基本形成。我们推进重要领域立法，深化法治领域改革，推进法治政府建设，建立国家监察机构，改革完善司法体制，加强全民普法，深化依法治军，推进法治专门队伍建设，坚决维护社会公平正义，依法纠正一批冤错案件，全面依法治国实践取得重大进展。

当前和今后一个时期，推进全面依法治国，要围绕建设中国特色社会主义法治体系、建设社会主义法治国家的总目标，坚持党的领导、人民当家作主、依法治国有机统一，以解决法治领域突出问题为着力点，坚定不移走中国特色社会主义法治道路，在法治轨道上推进国家治理体系和治理能力现代化，为全面建设社会主义现代化国家、实现中华民族伟大复兴的中国梦提供有力法治保障。

新时代全面依法治国要做到以下“十一个坚持”。

一要坚持党对全面依法治国的领导。党的领导是推进全面依法治国的根本保证。

二要坚持以人民为中心。全面依法治国最广泛、最深厚的基础是人民，必须坚持为了人民、依靠人民。推进全面依法治国，根本目的是依法保障人民权益。

三要坚持中国特色社会主义法治道路。坚持中国特色社会主义法治道路，本质上是中国特色社会主义道路在法治领域的具体体现。

四要坚持依宪治国、依宪执政。宪法是国家的根本法，具有最高的法律效力。

五要坚持在法治轨道上推进国家治理体系和治理能力现代化。法治是国家治理体系和治理能力的重要依托。只有全面依法治国才能有效保障国家治理体系的系统性、规范性、协调性，才能最大限度凝聚社会共识。

六要坚持建设中国特色社会主义法治体系。中国特色社会主义法治体系是推进全面依法治国的总抓手。要加快形成完备的法律规范体系、高效的法治实施体系、严密的法治监督体系、有力的法治保障体系，形成完善的党内法规体系。要坚持依法治国和以德治国相结合，实现法治和德治相辅相成、相得益彰。

七要坚持依法治国、依法执政、依法行政共同推进，法治国家、法治政府、法治社会一体建设。全面依法治国是一个系统工程，要整体谋划，更加注重系统性、整体性、协同性。推进全面依法治国，法治政府建设是重点任务和主体工程，对法治国家、法治社会建设具有示范带动作用，要率先突破。

八要坚持全面推进科学立法、严格执法、公正司法、全民守法。要继续推进法治领域改革，解决好立法、执法、司法、守法等领域的突出矛盾和问题。

九要坚持统筹推进国内法治和涉外法治。法治是国家核心竞争力的重要内容。

十要坚持建设德才兼备的高素质法治工作队伍。全面推进依法治国，首先要把专门队伍建设好。

十一要坚持抓住领导干部这个“关键少数”。

1.2 守法　用法

1.2.1 做守法的好公民

守法，是指一切国家机关及其工作人员、政党、社会团体、企事业单位和全体公民，自觉遵守法律的规定，将法律的要求转化为自己的行为，从而使法律得以实现的活动。法的遵守包括权利的正确行使、积极义务的履行和禁令的遵守。

法律是公正的，并且具有普遍性，它需要也值得我们遵守。具体而言，法律体现了对人的尊严的维护，维护人的尊严离不开对人权利的保护。法律的出发点就是全面、有效、合理地保护公民、法人和其他组织的权利，法律要保护的是绝大多数人的最大利益。以公民的权利而言，既有民主权利，又有财产权和人身权。

相关知识

权利与义务

法律上的权利和义务，是法律关系的重要构成要素，两者是紧密联系、不可分割的。在法律关系中，权利和义务相互依存，义务的存在是权利存在的前提，权利人要享受权利必须履行义务。公民要正确对待权利和义务的关系，既要依法行使法律赋予公民的权利，也要履行法律赋予公民的义务，形成正确的公民意识，以法律为武器，捍卫自己的正当权利，在行使个人享有的权利时，还要尊重和承认他人的合法权益，履行对国家、对社会、对他人的义务。

法律是社会的最高行为准则，遵守法律也是社会中每个人应尽的义务。公民在工作和生活中应该筑牢守法意识，树立正确的法治观念，依法约束自己的言行，让法律成为校准人生轨迹的重要准绳。遵纪守法是做好工作的基本前提，作为新时代的企业员工，应该做到以下几点。

（1）做任何工作都要以守法为前提。

（2）坚决抵制违反法律的工作任务和要求。

（3）遵守企业规章制度，消除抵触心理。

（4）在生活中也要守法守纪。

利用假文凭骗取工作，劳动合同是否有效？

2020年6月，小刘与某公司签订了一份为期3年的劳动合同。不料在小刘入职1个月后，公司发现小刘的学历证书是假的，工作经历也是小刘自己编的。那么，小刘与该公司签订的劳动合同是否有效？

根据《中华人民共和国治安管理处罚法》第五十二条的规定，有下列行为之一的，处十日以上十五日以下拘留，可以并处一千元以下罚款；情节较轻的，处五日以上十日以下拘留，可以并处五百元以下罚款：（一）伪造、变造或者买卖国家机关、人民团体、企业、事业单位或者其他组织的公文、证件、证明文件、印章的；（二）买卖或者使用伪造、变造的国家机关、人民团体、企业、事业单位或者其他组织的公文、证件、证明文件的。因此，小刘使用伪造的学历证书与该公司签订的劳动合同是无效的，其行为属于违法行为，应当予以处罚。

1.2.2 用法律保护自我合法权益

一个人要求助于正义，就去诉诸法律。法律是保护每一位公民最直接、最有效的工具，在当今社会每一位公民都应该树立起维权意识和正义观念，应以主动积极的态度依法维权、护权，以法律为武器与侵权和不法行为做斗争。

作为新时代员工，应当拿起法律武器，学会运用法律的正当途径保护自己的合法权益。在用法律保护自我合法权益时，应注意以下几点。

（1）只有法律才能保护我们的合法权益，而非暴力。

（2）了解自己的权益，受到侵害时要自知。

（3）维权有时效，注意维权的时间要求。

（4）维权要证据，注意维权的证据收集。

（5）维权靠合同，维权时注重合同的重要性。

（6）维权重流程，要了解维权的基本流程。

案例回放

公司搬迁，辞退员工是否该给予经济补偿？

武汉某公司因发展需要，决定在今年搬至北京。但公司员工小王因为家庭原因不愿随公司搬迁。于是公司给小王办理了解除劳动合同手续，但补偿问题公司却拖延不决，不愿支付他补偿费用。

经与公司多次协商未果后，小王向所在街道办事处请求法律援助。最终，在有关部门的帮助下，小王获得了相应经济补偿，维护了自己的合法权益。

依法说案

《劳动合同法》规定，劳动合同订立时所依据的客观情况发生重大变化，致使劳动合同无法履行，经用人单位与劳动者协商，未能就变更劳动合同内容达成协议的，用人单位提前三十日以书面形式通知劳动者本人或者额外支付劳动者 1 个月工资后，可以解除劳动合同。同时，用人单位应当向劳动者支付经济补偿。

本案中，该公司的行为属违法行为，应依据《劳动合同法》的相关规定向小王支付相应的经济补偿。

即学即用

1. 结合本章所学，写出与你的工作和生活息息相关的法律、法规。

2. 2021 年 6 月，大学毕业生张丽（女）在某网站上看到某烹饪学校在招聘文案人员，她认为自己的学历以及实习经验符合学校岗位招聘的要求，便在网上提交了简历。张丽对应聘信心满满，然而等待多天后仍没有得到任何回复。随后张丽了解到自己被拒绝的理由是该学校“限招男性”。

请你说说某烹饪学校的做法是否正确？如果你是张丽，你会怎么做？

劳动关系

2.1 劳动合同

劳动合同是劳动者与用人单位确立劳动关系、明确双方权利和义务的协议。劳动合同的形式一般有书面形式和口头形式两种，书面合同是由双方当事人达成协议后，将协议的内容用文字形式固定下来，并经双方签字。《劳动合同法》第十条规定："建立劳动关系，应当订立书面劳动合同。"

案例回放

袁某，某市一村民。2020年1月，袁某所在村（以下称乙方）与该市某国有企业（以下称甲方）签订了为期一年的"劳务协议书"。该协议书约定，乙方负责派遣务工人员30名（袁某列在其中）到甲方从事装卸、搬运、绿化等工作；甲方按乙方各务工人员的实际出勤天数计发工资（男工每天65元）并于当月将务工人员工资汇至乙方账户，由乙方负责发放。此外，甲方每月支付给乙方当月务工人员月工资总额的30%，作为劳动保护费用、小型工具费、医疗费、病伤假工资、伤残工资、死亡抚恤金及善后处理等全部有关费用；甲方不再承担其他任何费用和经济责任。2020年11月，袁某在甲方某车间配合完成加工部件的搬运过程中受重伤。事后甲方为治疗袁某的伤，在随后的9个月中支付医疗费5万余元。2021年10月，袁某要求甲方落实工伤保险待遇时，双方发生争议，袁某向当地劳动争议仲裁委员会提出申诉。

本案中甲方与乙方所签订的为期一年的“劳务协议书”系劳务合同而非劳动合同。袁某作为乙方输出到甲方的务工人员，与甲方之间并无劳动关系，而是平等民事主体。因此，袁某在甲方务工期间，其待遇应由劳务合同当事人按照“劳务协议书”约定的内容协商解决。如果协商不成，可直接诉于人民法院。

2.1.1 劳动合同的订立

1. 劳动合同必备条款

根据《劳动合同法》的明确规定，劳动合同应当具备以下条款：

（1）用人单位的名称、住所和法定代表人或者主要负责人；

（2）劳动者的姓名、住址和居民身份证或者其他有效身份证件号码；

（3）劳动合同期限；

（4）工作内容和工作地点；

（5）工作时间和休息休假；

（6）劳动报酬；

（7）社会保险；

（8）劳动保护、劳动条件和职业危害防护；

（9）法律、法规规定应当纳入劳动合同的其他事项。

2. 劳动合同的签订时间

根据《劳动合同法》《中华人民共和国劳动合同法实施条例》（以下简称《劳动合同法实施条例》）的有关规定，用人单位应与劳动者在有效的时间内签订劳动合同。

（1）劳动合同签订的时间要求

《劳动合同法》第十条规定：“建立劳动关系，应当订立书面劳动合同。已建立劳动关系，未同时订立书面劳动合同的，应当自用工之日起一个月内订立书面劳动合同。用人单位与劳动者在用工前订立劳动合同的，劳动关系自用工之日起建立。”

根据上述法律规定，劳动合同的合法签订时间主要有三种情况，具体如图 2–1 所示。

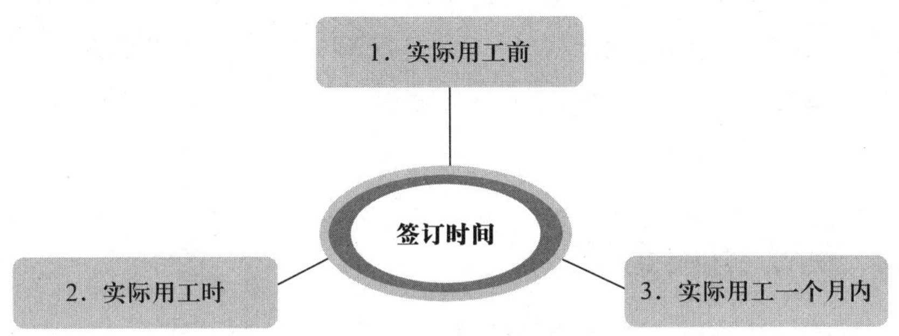

图 2–1 劳动合同的合法签订时间

（2）未在法定时间签订劳动合同的处理

1）自用工之日起超过一个月不满一年未签订劳动合同的处理。《劳动合同法》第八十二条规定：“用人单位自用工之日起超过一个月不满一年未与劳动者订立书面劳动合同的，应当向劳动者每月支付二倍的工资。”

《劳动合同法实施条例》第六条规定：“用人单位自用工之日起超过一个月不满一年未与劳动者订立书面劳动合同的，应当依照劳动合同法第八十二条的规定向劳动者每月支付两倍的工资，并与劳动者补订书面劳动合同；劳动者不与用人单位订立书面劳动合同的，用人单位应当书面通知劳动者终止劳动关系，并依照劳动合同法第四十七条的规定支付经济补偿。前款规定的用人单位向劳动者每月支付两倍工资的起算时间为用工之日起满一个月的次日，截止时间为补订书面劳动合同的前一日。”

2）自用工之日起满一年未签订书面劳动合同的处理。《劳动合同法》第十四条规定：“用人单位自用工之日起满一年不与劳动者订立书面劳动合同的，视为用人单位与劳动者已订立无固定期限劳动合同。”同时《劳动合同法》第八十二条规定：“用人单位违反本法规定不与劳动者订立无固定期限劳动合同的，自应当订立无固定期限劳动合同之日起向劳动者每月支付二倍的工资。”由上述两条法律条款可知，用人单位自用工之日起满一年不与劳动者订立书面劳动合同的，视为双方已建立无固定期限劳动合同法律关系，需自应当订立无固定期限劳动合同之日起向劳动者每月支付二倍的工资。

《劳动合同法实施条例》第七条规定：“用人单位自用工之日起满一年未与劳动者订立书面劳动合同的，自用工之日起满一个月的次日至满一年的前一日应当依照劳动合同法第八十二条的规定向劳动者每月支付两倍的工资，并视为自用工之日起满一年的当日已经与劳动者订立无固定期限劳动合同，应当立即与劳动者补订书面劳动合同。”即用人单位自用工之日起满一年仍然未与劳动者订立书面劳动合同的，除在不足一年的违法期间向劳动者每月支付两倍的工资外，还应当视为用人单位与劳动者已订立无固定期限劳动合同。

2.1.2　劳动合同的种类

根据不同的划分标准，劳动合同可以分为不同的类型，具体见表 2–1。

表 2–1　劳动合同的类型

分类标准	类型	含义、适用范围
劳动合同期限长短	固定期限劳动合同	1. 企业与劳动者约定合同终止时间的劳动合同 2. 合同期满，如果双方同意，还可以签订合同，延长期限 3. 合同期限届满，双方当事人的劳动法律关系即行终止
	无固定期限劳动合同	1. 企业与劳动者约定无确定终止时间的劳动合同 2. 适用于技术性强的工作岗位 3. 用人单位不能无故辞退职工
	以完成一定工作任务为期限的劳动合同	1. 企业与劳动者约定以某项工作任务的完成为合同期限的劳动合同 2. 合同双方当事人在合同存续期间建立的是劳动法律关系 3. 劳动者需要遵守企业内部规定，并享受企业的保险待遇
劳动合同产生方式	录用合同	1. 适用于招收普通劳动者 2. 为满足企业生产经营需要，与通过公开招收、择优录用方式招收的劳动者订立的劳动合同
	聘用合同	1. 适用于技术顾问职位、法律顾问职位 2. 适用于企业招聘有技术专长的特定劳动者 3. 企业通过向特定劳动者发聘书，直接与之建立劳动关系
	借调合同	1. 适用于借调单位急需使用的职工 2. 当借调合同终止时，借调职工仍然回原单位工作 3. 借调单位、被借调单位与借调职工个人之间，为借调职工从事的某种工作明确双方的责任、权利和义务
合同双方人数不同	个人劳动合同	由劳动者个人同用人单位签订
	集体合同	集体合同由工会代表劳动者集体同企业签订

在按照劳动合同产生方式不同进行劳动合同的类型划分时，应当注意劳务派遣合同与劳动合同的性质是完全不同的。二者建立的劳动关系也不一样，在学习生活中应当注意区分。

值得一提的是，现实中有很多电子劳动合同。电子劳动合同是否有效，往往要具体问题具体分析。

2020年7月1日，人力资源社会保障部办公厅颁布的《关于发布〈电子劳动合同订立指引〉的通知》中规定，电子劳动合同是指用人单位与劳动者按照《劳动合同法》《民法典》《中华人民共和国电子签名法》（以下简称《电子签名法》）等法律、法规规定，经协商一致，以可视为书面形式的数据电文为载体，使用可靠的电子签名订立的劳动合同。“依法订立的电子劳动合同具有法律效力，用人单位与劳动者应当按照电子劳动合同的约定，全面履行各自的义务”，确认了按照我国相关法律订立的电子劳动合同的法律效力，同时严格限定电子劳动合同的订立方式和订立平台所具备的技术要求，规定在采用电子形式订立劳动合同时，应当使用符合电子签名法等法律、法规规定的可视为书面形式的数据电文和可靠的电子签名。

由此可见，用电子形式签订劳动合同须符合我国《劳动合同法》及《电子签名法》所规定的要件，方能与书面劳动合同具备同等效力。

2.1.3　试用期的约定

劳动合同中的试用期，一般是指在劳动合同期限内，劳动者与用人单位双方相互了解、相互考察、相互选择的一个时间段。

《劳动合同法》第十七条规定：“劳动合同除前款规定的必备条款外，用人单位与劳动者可以约定试用期、培训、保守秘密、补充保险和福利待遇等其他事项。”由此可见，试用期不是劳动合同的必备条款，属于约定条款。

尽管试用期条款属于用人单位与劳动者双方约定的条款，但并不意味着双方可以自由约定。

1. 试用期约定的适用情形

《劳动合同法》第十九条规定：“以完成一定工作任务为期限的劳动合同或者劳动合同期限不满三个月的，不得约定试用期。”具体劳动合同中试用期的适用范围如图2–2所示。

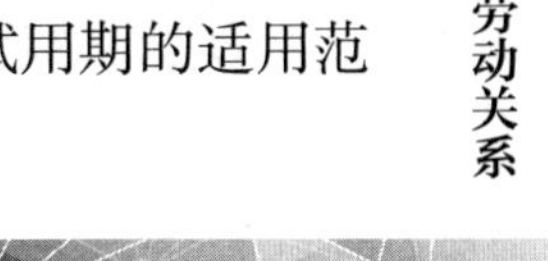

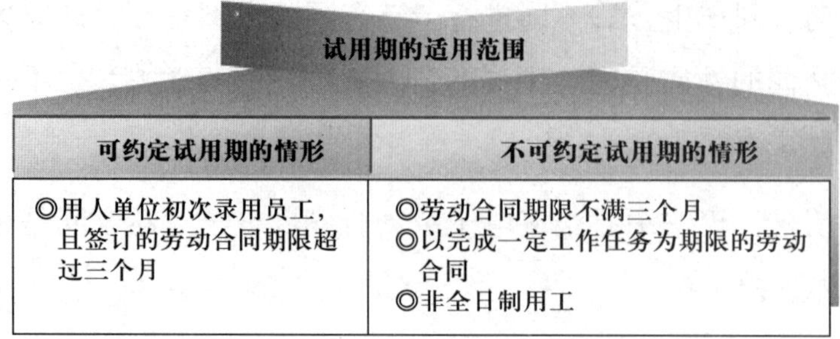

图 2-2　试用期的适用范围

2. 试用期期限的约定要求

《劳动合同法》第十九条规定：“劳动合同期限三个月以上不满一年的，试用期不得超过一个月；劳动合同期限一年以上不满三年的，试用期不得超过二个月；三年以上固定期限和无固定期限的劳动合同，试用期不得超过六个月。”具体试用期期限与劳动合同期限的对应关系见表 2–2。

表 2-2　试用期期限与劳动合同期限的对应关系

劳动合同期限	试用期期限
三个月以上不满一年的	不得超过一个月
一年以上不满三年的	不得超过二个月
三年以上固定期限的	不得超过六个月
无固定期限的	不得超过六个月

2.1.4　劳动合同无效的情形

无效劳动合同是指当事人违反法律规定订立的劳动合同，该劳动合同不具有法律效力。

1. 无效劳动合同的效力

根据无效程度，无效劳动合同分为部分无效和全部无效，具体这两种无效劳动合同的效力如图 2–3 所示。

2. 无效劳动合同的适用情形

对于无效劳动合同的适用情形，《劳动法》第十八条规定，下列劳动合同无效：

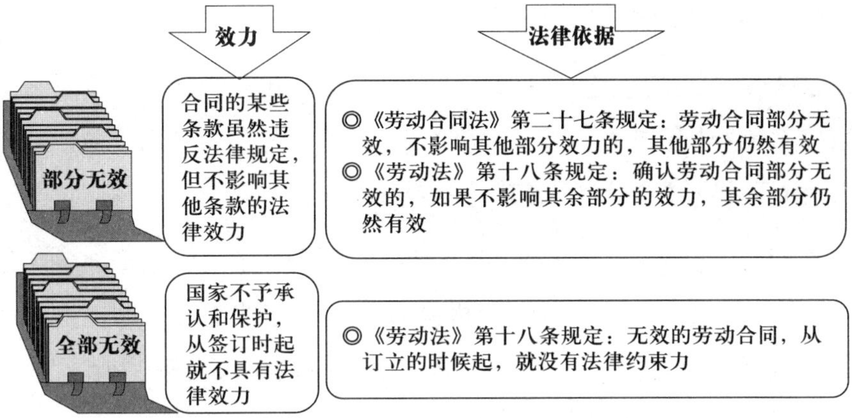

效力

法律依据

部分无效

合同的某些条款虽然违反法律规定，但不影响其他条款的法律效力

◎《劳动合同法》第二十七条规定：劳动合同部分无效，不影响其他部分效力的，其他部分仍然有效
◎《劳动法》第十八条规定：确认劳动合同部分无效的，如果不影响其余部分的效力，其余部分仍然有效

全部无效

国家不予承认和保护，从签订时起就不具有法律效力

◎《劳动法》第十八条规定：无效的劳动合同，从订立的时候起，就没有法律约束力

图 2–3　部分无效和全部无效劳动合同效力对比

（1）违反法律、行政法规的劳动合同；

（2）采取欺诈、威胁等手段订立的劳动合同。

而《劳动合同法》扩大了劳动合同无效的情形，将《劳动法》规定的两种情形扩大到三种，主要增加了用人单位免除责任、排除劳动者权益的情形。《劳动合同法》第二十六条规定，下列劳动合同无效或者部分无效：

（1）以欺诈、胁迫的手段或者乘人之危，使对方在违背真实意思的情况下订立或者变更的劳动合同；

（2）用人单位免除自己的法定责任、排除劳动者权利的劳动合同；

（3）违反法律、行政法规强制性规定的劳动合同。

在实际工作中，导致劳动合同无效的常见原因主要有四个，具体如图 2–4 所示。

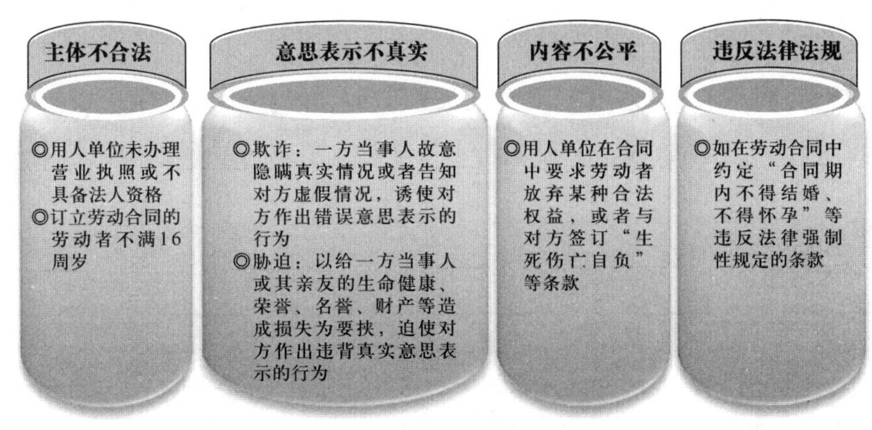

图 2–4　劳动合同无效的常见原因

3. 无效劳动合同的确认机构

《劳动法》第十八条规定：“劳动合同的无效，由劳动争议仲裁委员会或者人民法院确认。”《劳动合同法》第二十六条规定：“对劳动合同的无效或者部分无效有争议的，由劳动争议仲裁机构或者人民法院确认。”

由上述法律规定可知，劳动合同是否无效，是全部无效还是部分无效并不由用人单位决定，而是由劳动争议仲裁机构或者人民法院确认，即由劳动争议仲裁委员会或人民法院确认。按照《中华人民共和国劳动争议调解仲裁法》（以下简称《劳动争议调解仲裁法》）的规定，劳动合同的无效，应首先由劳动争议仲裁委员会确认，在当事人不服确认结果而依法提起诉讼的情况下，才由人民法院确认。

4. 无效劳动合同的法律后果

无效劳动合同的法律后果主要包括支付劳动者工资及进行赔偿，具体如下。

（1）支付劳动者工资。《劳动合同法》第二十八条规定：“劳动合同被确认无效，劳动者已付出劳动的，用人单位应当向劳动者支付劳动报酬。劳动报酬的数额，参照本单位相同或者相近岗位劳动者的劳动报酬确定。”由此可见，在劳动合同被确认无效的情况下，劳动者付出劳动后，用人单位应参照本单位相同或者相近岗位劳动者的劳动报酬予以支付劳动报酬，即不能以劳动合同无效为由拒付劳动报酬，也不再按照原来的约定支付报酬。

（2）进行赔偿。如果由于用人单位有《劳动合同法》第二十六条规定的情形，造成劳动合同无效，即以欺诈、胁迫的手段或者乘人之危造成劳动合同无效，劳动者按规定解除劳动合同的，用人单位应向劳动者支付经济补偿；给劳动者造成损害的，用人单位应根据《劳动合同法》第八十六条规定，承担赔偿责任。

如果是劳动者的原因造成劳动合同无效，劳动者给用人单位造成损害的，用人单位可以根据《劳动合同法》第八十六条规定，要求劳动者承担赔偿责任。

案例回放

某机械设备厂欲招聘一名机械设计师。王某（男，37 岁）应聘后，与厂方签订了为期三年的劳动合同，未约定试用期。一个月后，厂方发现王某根本不能胜任工作，便书面通知与其解除劳动合同。王某不服，诉至劳动争议仲裁委员会。

经劳动争议仲裁委员会调查：当时该机械设备厂因生产需要，欲招聘一名有机床设计工作经验且掌握机床电气原理和机床维修知识的机械设计师。王某得知此事后，即到该厂应聘。应聘时，王某自称完全符合厂方提出的招聘条件，不但具有8年从事机床设计工作的经验，而且精通各种机床的电气原理和维修知识。厂方听了王某的自我介绍后，便与其签订了为期三年的劳动合同，约定的工作岗位为机械设计师。一个月后，厂方在工作中发现，王某不但不能胜任机床设计工作，而且连该项工作的基本常识都不懂。于是，厂方便怀疑王某应聘时的自荐材料。经过调查得知，王某的自荐材料纯属虚构，他高中毕业后，一直在一家国有企业当机床维修工人，并不懂机械设计。进该机械设备厂前，他刚刑满释放，在社会上闲荡。厂方在获悉了王某的真实情况后，决定与其解除劳动合同。仲裁机构确认王某与机械设备厂订立的劳动合同无效，厂方胜诉。

依法说案

根据《劳动法》第十八条的规定，采取欺诈、威胁等手段订立的劳动合同为无效劳动合同，“无效的劳动合同，从订立的时候起，就没有法律约束力”。王某为了达到与该机械设备厂签订劳动合同的目的，隐瞒了真实情况，谎称自己“具有8年从事机床设计工作的经验，精通各种机床的电气原理和维修知识”。这种做法属欺诈行为，因而他与厂方订立的劳动合同为无效合同。

2.1.5　劳动合同的履行、变更、终止和解除

劳动合同的履行是指双方当事人按照劳动合同的约定，履行各自的义务，享有各自的权利。劳动合同的变更，是指在劳动合同尚未履行或者尚未履行完毕之前，双方当事人协商一致后改变劳动合同的内容。劳动合同是否得到依法履行、劳动合同的变更是否以平等自愿、协商一致为原则，直接关系到劳动合同双方当事人，尤其是劳动者权益能否得到保护。

1. 劳动合同履行的一般原则

（1）全面履行原则。是指劳动合同双方当事人在任何时候，均应当履行劳动合同约定的全部义务。《劳动合同法》第二十九条规定：“用人单位与劳动者应当按照劳动合同的约定，全面履行各自的义务。”

（2）合法原则。是指劳动合同双方当事人在履行劳动合同过程中，必须遵守

法律、法规，不得有违法行为。《劳动合同法》着重强调了三个方面，一是规定用人单位应当按照劳动合同约定和国家规定及时足额支付劳动报酬。用人单位拖欠或者未足额支付劳动报酬的，劳动者可以依法向当地人民法院申请支付令，人民法院应当依法发出支付令。二是规定用人单位应当严格执行劳动定额标准，不得强迫或者变相强迫劳动者加班。用人单位安排加班的，应当按照国家有关规定向劳动者支付加班费。三是规定劳动者对用人单位管理人员违章指挥、强令冒险作业有权拒绝，不视为违反劳动合同；对危害生命安全和身体健康的劳动条件，有权对用人单位提出批评、检举和控告。

2. 特殊情形下劳动合同的履行

（1）用人单位变更名称、法定代表人、主要负责人或者投资人等事项，不影响劳动合同的履行。

（2）用人单位发生合并或者分立等情况，原劳动合同继续有效，劳动合同由承继其权利义务的用人单位继续履行。

在用人单位变更名称、法定代表人、主要负责人，或者用人单位发生合并、分立等情况时，由于劳动合同必备条款中的用人单位名称、法定代表人、主要负责人等内容发生了变更，用人单位与劳动者应当从形式上变更劳动合同，但是，没有从形式上变更劳动合同的，原劳动合同也应当继续履行。

3. 劳动合同变更的一般原则

《劳动合同法》第三十五条规定：“用人单位与劳动者协商一致，可以变更劳动合同约定的内容。”也就是说，协商一致原则是劳动合同变更的一般原则。

4. 劳动合同变更的形式

《劳动合同法》第三十五条规定：“变更劳动合同，应当采用书面形式。变更后的劳动合同文本由用人单位和劳动者各执一份。”

5. 劳动合同的解除和终止

在《劳动合同法》第四章中，对劳动合同的解除和终止做了详细的阐述。

（1）第三十六条规定，用人单位与劳动者协商一致，可以解除劳动合同。

（2）第三十七条规定，劳动者提前三十日以书面形式通知用人单位，可以解除劳动合同。劳动者在试用期内提前三日通知用人单位，可以解除劳动合同。

（3）第三十八条规定，用人单位有下列情形之一的，劳动者可以解除劳动合同：

1）未按照劳动合同约定提供劳动保护或者劳动条件的；

2）未及时足额支付劳动报酬的；

3）未依法为劳动者缴纳社会保险费的；

4）用人单位的规章制度违反法律、法规的规定，损害劳动者权益的；

5）因《劳动合同法》第二十六条第一款规定的情形致使劳动合同无效的；

6）法律、行政法规规定劳动者可以解除劳动合同的其他情形。

用人单位以暴力、威胁或者非法限制人身自由的手段强迫劳动者劳动的，或者用人单位违章指挥、强令冒险作业危及劳动者人身安全的，劳动者可以立即解除劳动合同，无须事先告知用人单位。

（4）第三十九条规定，劳动者有下列情形之一的，用人单位可以解除劳动合同：

1）在试用期间被证明不符合录用条件的；

2）严重违反用人单位的规章制度的；

3）严重失职，营私舞弊，给用人单位造成重大损害的；

4）劳动者同时与其他用人单位建立劳动关系，对完成本单位的工作任务造成严重影响，或者经用人单位提出，拒不改正的；

5）因《劳动合同法》第二十六条第一款第一项规定的情形致使劳动合同无效的；

6）被依法追究刑事责任的。

（5）第四十条规定，有下列情形之一的，用人单位提前三十日以书面形式通知劳动者本人或者额外支付劳动者一个月工资后，可以解除劳动合同：

1）劳动者患病或者非因工负伤，在规定的医疗期满后不能从事原工作，也不能从事由用人单位另行安排的工作的；

2）劳动者不能胜任工作，经过培训或者调整工作岗位，仍不能胜任工作的；

3）劳动合同订立时所依据的客观情况发生重大变化，致使劳动合同无法履行，经用人单位与劳动者协商，未能就变更劳动合同内容达成协议的。

（6）第四十一条规定，有下列情形之一，需要裁减人员二十人以上或者裁减不足二十人但占企业职工总数百分之十以上的，用人单位提前三十日向工会或者全体职工说明情况，听取工会或者职工的意见后，裁减人员方案经向劳动行政部门报告，可以裁减人员：

1）依照企业破产法规定进行重整的；

2）生产经营发生严重困难的；

3）企业转产、重大技术革新或者经营方式调整，经变更劳动合同后，仍需裁减人员的；

4）其他因劳动合同订立时所依据的客观经济情况发生重大变化，致使劳动合同无法履行的。

裁减人员时，应当优先留用下列人员：

1）与本单位订立较长期限的固定期限劳动合同的；

2）与本单位订立无固定期限劳动合同的；

3）家庭无其他就业人员，有需要扶养的老人或者未成年人的。

用人单位依照本条第一款规定裁减人员，在六个月内重新招用人员的，应当通知被裁减的人员，并在同等条件下优先招用被裁减的人员。

（7）第四十二条规定，劳动者有下列情形之一的，用人单位不得依照《劳动合同法》第四十条、第四十一条的规定解除劳动合同：

1）从事接触职业病危害作业的劳动者未进行离岗前职业健康检查，或者疑似职业病病人在诊断或者医学观察期间的；

2）在本单位患职业病或者因工负伤并被确认丧失或者部分丧失劳动能力的；

3）患病或者非因工负伤，在规定的医疗期内的；

4）女职工在孕期、产期、哺乳期的；

5）在本单位连续工作满十五年，且距法定退休年龄不足五年的；

6）法律、行政法规规定的其他情形。

（8）第四十三条规定，用人单位单方解除劳动合同，应当事先将理由通知工会。用人单位违反法律、行政法规规定或者劳动合同约定的，工会有权要求用人单位纠正。用人单位应当研究工会的意见，并将处理结果书面通知工会。

（9）第四十四条规定，有下列情形之一的，劳动合同终止：

1）劳动合同期满的；

2）劳动者开始依法享受基本养老保险待遇的；

3）劳动者死亡，或者被人民法院宣告死亡或者宣告失踪的；

4）用人单位被依法宣告破产的；

5）用人单位被吊销营业执照、责令关闭、撤销或者用人单位决定提前解散的；

6）法律、行政法规规定的其他情形。

（10）第四十五条规定，劳动合同期满，有《劳动合同法》第四十二条规定情形之一的，劳动合同应当续延至相应的情形消失时终止。但是，《劳动合同法》第四十二条第二项规定丧失或者部分丧失劳动能力劳动者的劳动合同的终止，按照国家有关工伤保险的规定执行。

（11）第四十六条规定，有下列情形之一的，用人单位应当向劳动者支付经济补偿：

1）劳动者依照《劳动合同法》第三十八条规定解除劳动合同的；

2）用人单位依照《劳动合同法》第三十六条规定向劳动者提出解除劳动合同并与劳动者协商一致解除劳动合同的；

3）用人单位依照《劳动合同法》第四十条规定解除劳动合同的；

4）用人单位依照《劳动合同法》第四十一条第一款规定解除劳动合同的；

5）除用人单位维持或者提高劳动合同约定条件续订劳动合同，劳动者不同意续订的情形外，依照《劳动合同法》第四十四条第一项规定终止固定期限劳动合同的；

6）依照《劳动合同法》第四十四条第四项、第五项规定终止劳动合同的；

7）法律、行政法规规定的其他情形。

（12）第四十七条规定，经济补偿按劳动者在本单位工作的年限，每满一年支付一个月工资的标准向劳动者支付。六个月以上不满一年的，按一年计算；不满六个月的，向劳动者支付半个月工资的经济补偿。

劳动者月工资高于用人单位所在直辖市、设区的市级人民政府公布的本地区上年度职工月平均工资三倍的，向其支付经济补偿的标准按职工月平均工资三倍的数额支付，向其支付经济补偿的年限最高不超过十二年。

本条所称月工资是指劳动者在劳动合同解除或者终止前十二个月的平均工资。

（13）第四十八条规定，用人单位违反《劳动合同法》规定解除或者终止劳动合同，劳动者要求继续履行劳动合同的，用人单位应当继续履行；劳动者不要求继续履行劳动合同或者劳动合同已经不能继续履行的，用人单位应当依照《劳动合同法》第八十七条规定支付赔偿金。

（14）用人单位违反《劳动合同法》规定解除或者终止劳动合同的，应当依照《劳动合同法》第四十七条规定的经济补偿标准的二倍向劳动者支付赔偿金。

2.2 劳动争议

2.2.1 劳动争议概述

劳动争议是指劳动关系的当事人之间因劳动的权利与义务发生分歧而引起的争议，又称劳动纠纷。其中有的属于既定权利的争议，即因适用劳动法和劳动合同、集体合同的既定内容而发生的争议；有的属于要求新的权利而出现的争议，是因制定或变更劳动条件而发生的争议。

劳动争议发生后，当事人应当协商解决；不愿协商或协商不成的，可以向企业劳动争议调解委员会申请调解；调解不成的，可以向劳动争议仲裁委员会申请仲裁。当事人也可以不经调解直接向劳动争议仲裁委员会申请仲裁。对仲裁结果不服的，可以向人民法院提起诉讼。

1. 劳动争议处理范围

根据《劳动争议调解仲裁法》第二条规定，劳动争议处理的范围包括以下六个方面的内容：

（1）因确认劳动关系发生的争议；

（2）因订立、履行、变更、解除和终止劳动合同发生的争议；

（3）因除名、辞退和辞职、离职发生的争议；

（4）因工作时间、休息休假、社会保险、福利、培训以及劳动保护发生的争议；

（5）因劳动报酬、工伤医疗费、经济补偿或者赔偿金等发生的争议；

（6）法律、法规规定的其他劳动争议。

2. 劳动争议处理方式

（1）协商。《劳动争议调解仲裁法》第四条规定："发生劳动争议，劳动者可以与用人单位协商，也可以请工会或者第三方共同与用人单位协商，达成和解协议。"

（2）调解。《劳动争议调解仲裁法》第五条规定："发生劳动争议，当事人不愿协商、协商不成或者达成和解协议后不履行的，可以向调解组织申请调解；不愿调解、调解不成或者达成调解协议后不履行的，可以向劳动争议仲裁委员会申请仲裁；对仲裁裁决不服的，除本法另有规定的外，可以向人民法院提起诉讼。"

（3）仲裁与诉讼。关于劳动争议仲裁和劳动争议诉讼的详细内容，将在本章2.2.3 小节和 2.2.4 小节具体阐述。

3. 劳动争议处理的证据

发生劳动争议时，劳动争议当事人的证据主要包括劳动合同、职工手册和其他证据。

（1）劳动合同。劳动合同是主要证据，劳动合同中一般都明确了各方的权利和义务等内容。因此，劳动合同应该以书面形式，对法律规定中不清楚的方面进行补充。

（2）职工手册。职工手册的相关内容要遵守法律和行政法规的要求，主要包括职工不当行为的处理、工作要求以及职工相关的福利等内容。

（3）其他证据。用于劳动争议的证据还应包括解聘函、工资签收单、病假的证明材料、医院的处方等。其中，解聘函一般是提前30天作出并通知职工，诉讼的时效与解聘函有直接关系，是劳动争议的有效证据之一。

2.2.2 劳动争议协商调解

《劳动争议调解仲裁法》第四条规定："发生劳动争议，劳动者可以与用人单位协商，也可以请工会或者第三方共同与用人单位协商，达成和解协议。"

劳动争议协商，是指劳动争议发生后，当事人就争议事项进行协商，在自愿、互谅的基础上达成和解协议，快速、简洁地解决争议的方法。

《劳动争议调解仲裁法》第五条规定："发生劳动争议，当事人不愿协商、协商不成或者达成和解协议后不履行的，可以向调解组织申请调解；不愿调解、调解不成或者达成调解协议后不履行的，可以向劳动争议仲裁委员会申请仲裁；对仲裁裁决不服的，除本法另有规定的外，可以向人民法院提起诉讼。"

劳动争议调解，是指劳动争议调解委员会对发生的劳动争议，在查明事实、分清是非、明确责任的基础上，依照国家劳动法律、法规，以及依法制定的企业规章和劳动合同，通过民主协商的方式，推动双方互谅互让、达成协议、解决争议的一种活动。

根据上述法律规定可知，协商解决并不是劳动争议解决的必经程序，不愿协商或协商不成的，不愿调解或调解不成的，当事人有权申请仲裁甚至提起诉讼。

调解虽然不是劳动争议处理的必经程序，但却是劳动争议处理中的"第一道防线"。在现实中，大多数用人单位出于缓和与职工之间的矛盾、维护良好形象、避免对簿公堂、快速妥善解决争议等原因，在发生劳动争议后，还是优选协商调解这一方式。

1. 劳动争议的处理程序

发生劳动争议后，用人单位或职工当事人可选择图2–5所示的程序进行处理。

2. 劳动争议的调解原则

《劳动争议调解仲裁法》第三条规定："解决劳动争议，应当根据事实，遵循合法、公正、及时、着重调解的原则，依法保护当事人的合法权益。"

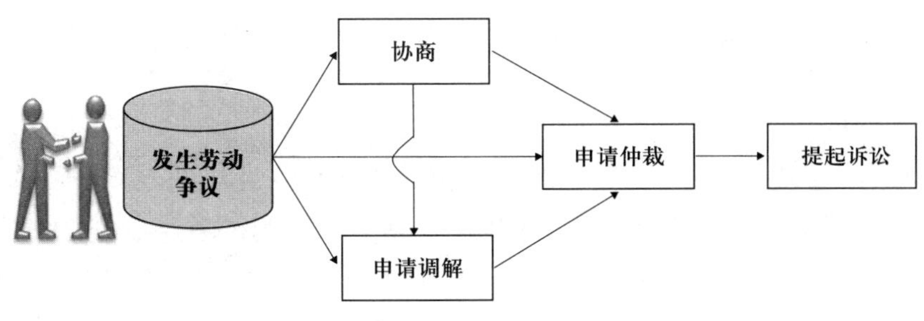

图 2-5 劳动争议的处理程序

具体来说，用人单位必须把握四大原则，如图 2-6 所示，做好劳动争议协商调解工作。

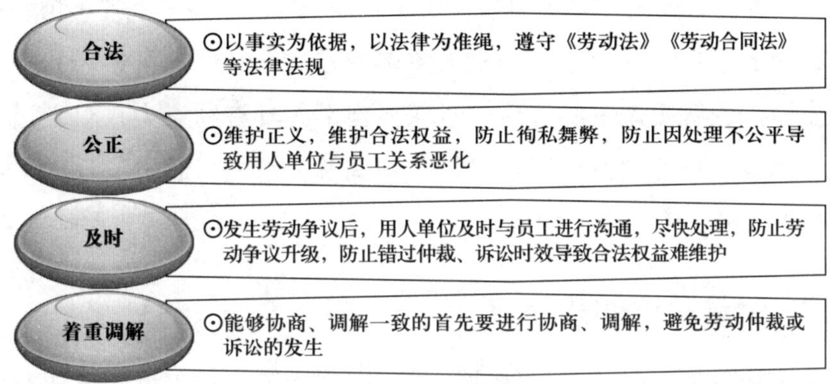

图 2-6 劳动争议协商调解四大原则

3. 劳动争议调解组织

《劳动争议调解仲裁法》第十条规定，可以进行劳动争议调解的组织有三种，具体如图 2-7 所示。

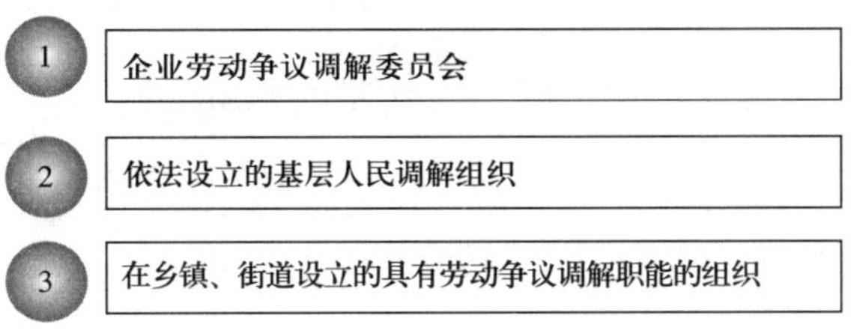

图 2-7 劳动争议调解组织

4. 劳动争议的调解程序

根据《劳动争议调解仲裁法》第十二至十五条规定，劳动争议的调解程序如下。

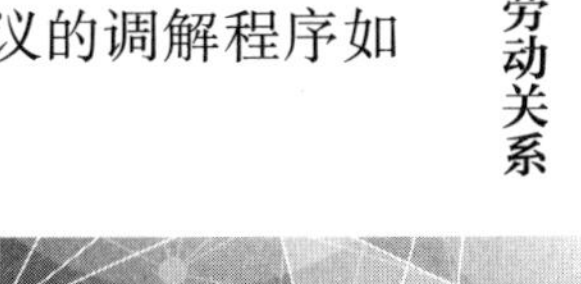

（1）劳动争议一方当事人以书面申请或口头申请的方式向劳动争议调解组织申请调解。

（2）劳动争议调解组织收到劳动争议调解申请后，应及时指派调解员对劳动争议进行全面调查，全面听取双方当事人对事实和理由的陈述，做好笔录并签名或盖章。

（3）劳动争议调解组织在查明事实、分清是非的基础上，依照有关劳动法律、法规、用人单位规章制度和劳动合同等，耐心疏导，公正调解，帮助其达成协议。

（4）经调解达成协议的，劳动争议调解组织制作一式三份的调解协议书，协议书应写明双方当事人的姓名（单位、法定代表人）、职务、争议事项、调解结果及其他需说明的事项，并由双方当事人签名或盖章，经调解员签名并加盖调解组织印章后生效。调解协议书签订后，对双方当事人具有约束力，双方当事人应自觉履行协议内容。自劳动争议调解组织收到调解申请之日起十五日内未达成调解协议的，当事人可以依法申请仲裁。

2.2.3 劳动争议仲裁

劳动争议仲裁是指劳动争议仲裁委员会根据当事人的申请，依法对劳动争议在事实上作出判断，在权利义务上作出裁决的一种法律制度。

1. 劳动争议仲裁委员会

《劳动争议调解仲裁法》第十九条规定：“劳动争议仲裁委员会由劳动行政部门代表、工会代表和企业方面代表组成。劳动争议仲裁委员会组成人员应当是单数。”劳动争议仲裁委员会下设办事机构，负责办理劳动争议仲裁委员会的日常工作。

劳动争议仲裁委员会依法履行图 2–8 所示的职责。

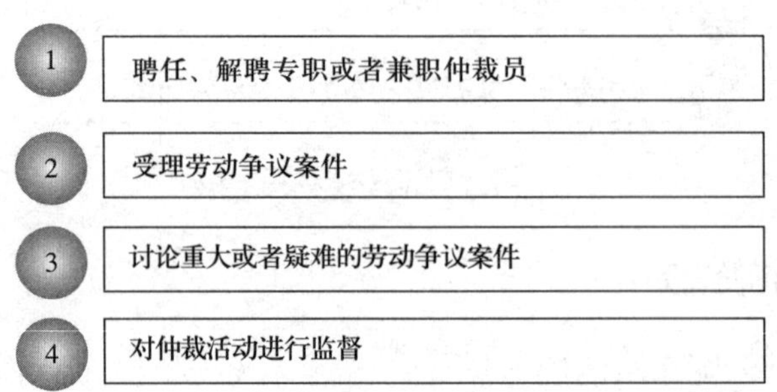

图 2–8　劳动争议仲裁委员会的职责

《劳动争议调解仲裁法》第二十条规定："劳动争议仲裁委员会应当设仲裁员名册。仲裁员应当公道正派并符合下列条件之一"，仲裁员需要符合的条件如图 2-9 所示。

1. 曾任审判员的
2. 从事法律研究、教学工作并具有中级以上职称的
3. 具有法律知识、从事人力资源管理或者工会等专业工作满五年的
4. 律师执业满三年的

图 2-9 仲裁员需要符合的条件

2. 劳动争议仲裁地点

《劳动争议调解仲裁法》第二十一条规定："劳动争议仲裁委员会负责管辖本区域内发生的劳动争议。劳动争议由劳动合同履行地或者用人单位所在地的劳动争议仲裁委员会管辖。双方当事人分别向劳动合同履行地和用人单位所在地的劳动争议仲裁委员会申请仲裁的，由劳动合同履行地的劳动争议仲裁委员会管辖。"

3. 劳动争议仲裁申请和受理

《劳动争议调解仲裁法》第二十八条规定："申请人申请仲裁应当提交书面仲裁申请，并按照被申请人人数提交副本。""书写仲裁申请确有困难的，可以口头申请，由劳动争议仲裁委员会记入笔录，并告知对方当事人。"

仲裁申请书应当载明下列事项，如图 2-10 所示。

1. 劳动者的姓名、性别、年龄、职业、工作单位和住所，用人单位的名称、住所和法定代表人或者主要负责人的姓名、职务
2. 仲裁请求和所根据的事实、理由
3. 证据和证据来源、证人姓名和住所

图 2-10 仲裁申请书应当载明的事项

《劳动争议调解仲裁法》第二十九条规定："劳动争议仲裁委员会收到仲裁申请之日起五日内，认为符合受理条件的，应当受理，并通知申请人；认为不符合受理条件的，应当书面通知申请人不予受理，并说明理由。对劳动争议仲裁委员会不予受理或者逾期未作出决定的，申请人可以就该劳动争议事项向人民法院提起诉讼。"

第三十条规定："劳动争议仲裁委员会受理仲裁申请后，应当在五日内将仲裁申请书副本送达被申请人。被申请人收到仲裁申请书副本后，应当在十日内向劳动争议仲裁委员会提交答辩书。劳动争议仲裁委员会收到答辩书后，应当在五日内将答辩书副本送达申请人。被申请人未提交答辩书的，不影响仲裁程序的进行。"

4. 劳动争议仲裁开庭与裁决

《劳动争议调解仲裁法》第三十一条规定："劳动争议仲裁委员会裁决劳动争议案件实行仲裁庭制。仲裁庭由三名仲裁员组成，设首席仲裁员。简单劳动争议案件可以由一名仲裁员独任仲裁。"

第三十二条规定："劳动争议仲裁委员会应当在受理仲裁申请之日起五日内将仲裁庭的组成情况书面通知当事人。"

第三十五条规定："仲裁庭应当在开庭五日前，将开庭日期、地点书面通知双方当事人。当事人有正当理由的，可以在开庭三日前请求延期开庭。是否延期，由劳动争议仲裁委员会决定。"

第三十七条规定："仲裁庭对专门性问题认为需要鉴定的，可以交由当事人约定的鉴定机构鉴定；当事人没有约定或者无法达成约定的，由仲裁庭指定的鉴定机构鉴定。根据当事人的请求或者仲裁庭的要求，鉴定机构应当派鉴定人参加开庭。当事人经仲裁庭许可，可以向鉴定人提问。"

第三十八条规定："当事人在仲裁过程中有权进行质证和辩论。质证和辩论终结时，首席仲裁员或者独任仲裁员应当征询当事人的最后意见。"

第四十条规定："仲裁庭应当将开庭情况记入笔录。当事人和其他仲裁参加人认为对自己陈述的记录有遗漏或者差错的，有权申请补正。如果不予补正，应当记录该申请。笔录由仲裁员、记录人员、当事人和其他仲裁参加人签名或者盖章。"

第四十三条规定：“仲裁庭裁决劳动争议案件，应当自劳动争议仲裁委员会受理仲裁申请之日起四十五日内结束。案情复杂需要延期的，经劳动争议仲裁委员会主任批准，可以延期并书面通知当事人，但是延长期限不得超过十五日。逾期未作出仲裁裁决的，当事人可以就该劳动争议事项向人民法院提起诉讼。”

5. 劳动争议仲裁时效

劳动争议仲裁时效是指劳动争议权利人在法定期间内不行使权利的事实持续至法定期间届满，便丧失胜裁权的制度，即劳动争议权利人需在法定的期限内向劳动争议仲裁机构提出仲裁申请，以获得劳动争议仲裁机构对其合法权益的保护；当相关权利人超过法定期限提出仲裁申请，劳动争议仲裁机构对其合法权益不予保护。《劳动争议调解仲裁法》第二十七条指出，“劳动争议申请仲裁的时效期间为一年”，即劳动争议当事人需在“一年”这一法定时限内向劳动争议仲裁机构提出仲裁申请，否则丧失其胜裁权。

劳动者采用仲裁手段维护合法权益及应对仲裁案件时，需注意劳动争议仲裁时效的限制，具体来说需明确以下内容。

（1）仲裁时效期间起始时间确定。《劳动争议调解仲裁法》第二十七条规定：“仲裁时效期间从当事人知道或者应当知道其权利被侵害之日起计算。”此条款表明劳动争议仲裁时效期限的起始时间可概括为两类，即当事人知道其权利被侵害之日和当事人应当知道其权利被侵害之日，具体说明如图 2-11 所示。

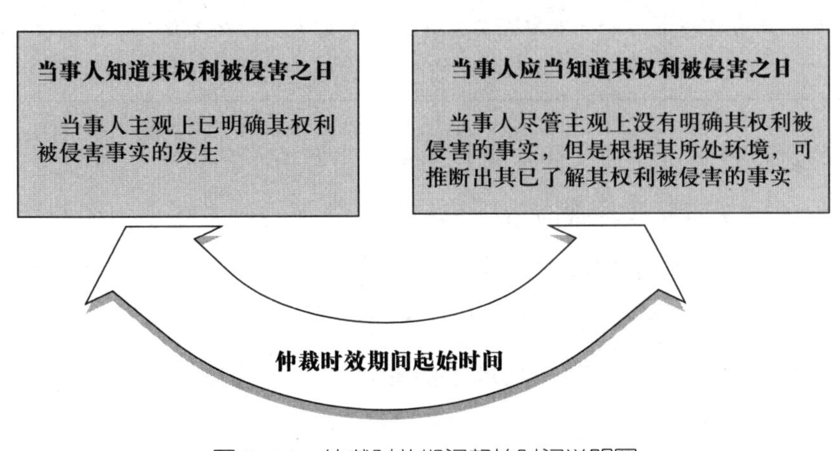

图 2-11　仲裁时效期间起始时间说明图

但是需要指出的是，对于劳动关系存续期间因拖欠劳动报酬发生的争议，职工提出仲裁申请的不受《劳动争议调解仲裁法》第二十七条规定仲裁时效期间起始时间的限制，即此情形下的仲裁时效期间起始时间不以“当事人知道或者应当知道其权利被侵害之日”为准。但是，劳动关系终止的，应当自劳动关系终止之日起一年内提出。

（2）仲裁时效中断处理。仲裁时效中断是指在劳动争议仲裁时效进行过程中，因相关法定事由出现而使得已经履行的仲裁时效无效，而在时效中断事由消除后，重新计算仲裁时效的情形。对于仲裁时效中断事由的认定及仲裁时效中断后的处理，《劳动争议调解仲裁法》第二十七条作出以下规定：“前款规定的仲裁时效，因当事人一方向对方当事人主张权利，或者向有关部门请求权利救济，或者对方当事人同意履行义务而中断。从中断时起，仲裁时效期间重新计算。”具体仲裁时效中断事由说明见表 2–3。

表 2-3　仲裁时效中断事由说明表

仲裁时效中断事由类别	事由说明	示例
当事人一方向对方当事人主张权利	当事人对对方当事人作出的相关处理有异议而明确要求对方履行相关义务以维护个人合法权益	职工对用人单位作出的罚款决定不认同，向用人单位提出申诉
当事人一方向有关部门请求权利救济	当事人就劳动争议向相关部门请求权利救济，以维护个人合法权益	职工就薪酬争议向用人单位所在区域的劳动行政部门反映情况，要求相关部门解决争议
对方当事人同意履行义务	对方当事人同意履行相关义务或同意提出的相关要求	用人单位向职工承诺在一个星期内补发所欠的加班工资

（3）仲裁时效中止处理。仲裁时效中止是指在劳动争议仲裁时效进行过程中，因法定事由的出现而导致仲裁时效计算停止，并在时效中止事由消除后，继续计算仲裁时效的情形。对于仲裁时效中止法定事由的认定及仲裁时效中止后的相关处理，《劳动争议调解仲裁法》第二十七条明确规定：“因不可抗力或者有其他正当理由，当事人不能在本条第一款规定的仲裁时效期间申请仲裁的，仲裁时效中止。从中止时效的原因消除之日起，仲裁时效期间继续计算”。具体仲裁时效中止事由说明见表 2–4。

表 2-4　仲裁时效中止事由说明表

仲裁时效中止事由类别	事由说明
不可抗力	◎《民法典》第一百八十条将不可抗力规定为“不能预见、不能避免且不能克服的客观情况”，如发生地震、洪水等
其他正当理由	◎无民事行为能力或者限制民事行为能力劳动者的法定代理人未确定，该事由依据《劳动人事争议仲裁办案规则》第二十八条规定 ◎劳动争议当事人向企业劳动争议调解委员会提出调解申请，该事由依据《关于贯彻执行〈中华人民共和国劳动法〉若干问题的意见》第八十九条规定 ◎劳动争议仲裁委员会的办事机构对未予受理的仲裁申请，应逐件向仲裁委员会报告并说明情况，仲裁委员会受理审查期间，该事由依据《关于贯彻执行〈中华人民共和国劳动法〉若干问题的意见》第九十条规定 ◎法定代理人死亡、丧失代理权 ◎劳动争议当事人因患重大疾病而影响权利行使等

6. 劳动争议仲裁的注意事项

（1）《劳动争议调解仲裁法》第十七条规定：“劳动争议仲裁委员会按照统筹规划、合理布局和适应实际需要的原则设立。省、自治区人民政府可以决定在市、县设立；直辖市人民政府可以决定在区、县设立。直辖市、设区的市也可以设立一个或者若干个劳动争议仲裁委员会。劳动争议仲裁委员会不按行政区划层层设立。”

（2）《劳动争议调解仲裁法》第十八条规定：“国务院劳动行政部门依照本法有关规定制定仲裁规则。省、自治区、直辖市人民政府劳动行政部门对本行政区域的劳动争议仲裁工作进行指导。”

（3）《劳动争议调解仲裁法》第二十四条规定：“当事人可以委托代理人参加仲裁活动。委托他人参加仲裁活动，应当向劳动争议仲裁委员会提交有委托人签名或者盖章的委托书，委托书应当载明委托事项和权限。”

（4）《劳动争议调解仲裁法》第二十五条规定：“丧失或者部分丧失民事行为能力的劳动者，由其法定代理人代为参加仲裁活动；无法定代理人的，由劳动争议仲裁委员会为其指定代理人。劳动者死亡的，由其近亲属或者代理人参加仲裁活动。”

（5）《劳动争议调解仲裁法》第三十三条规定：“仲裁员有下列情形之一，应当回

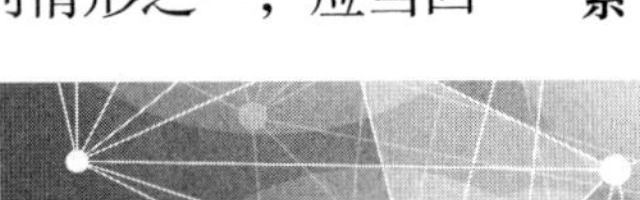

避，当事人也有权以口头或者书面方式提出回避申请。”仲裁员回避的情形如图 2–12 所示。

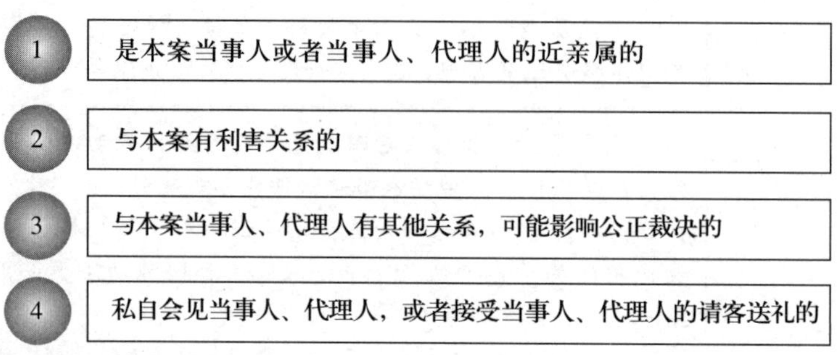

图 2–12　仲裁员回避的情形

2.2.4　劳动争议诉讼

1. 劳动争议诉讼的概念

劳动争议诉讼是指劳动争议当事人对劳动争议裁决结果不满意，而在规定时间内向人民法院起诉的行为。

2. 劳动争议诉讼的适用情形

在我国现行的法律体系中，劳动争议实行先裁后审制度，即劳动争议仲裁是劳动争议诉讼的前置程序，对于未经过仲裁的劳动争议申诉案件，人民法院不予受理。

先裁后审主要包括两种情形，即确实经过仲裁前置程序的情形和视为经过仲裁前置程序的情形。具体说明如下：

（1）确实经过仲裁前置程序的情形。劳动争议当事人向劳动争议仲裁委员会提出仲裁申请，而劳动争议仲裁委员会对劳动争议当事人申请的案件作出裁决。在此情形下，当劳动争议当事人对裁决结果不满意时，可向人民法院提起诉讼，具体劳动争议诉讼提起情形说明见表 2–5。

（2）视为经过仲裁前置程序的情形。劳动争议当事人向劳动争议仲裁机构提出仲裁申请，但劳动争议仲裁机构对相关案件不予受理或未在规定时间内作出裁决的情形。在此情形下，劳动争议当事人可依《劳动争议调解仲裁法》第二十九条、第四十三条的相关规定向人民法院提起诉讼。

表 2-5 劳动争议诉讼提起情形说明

情形	情形说明	备注
劳动争议当事人对裁决结果不满	◎劳动者对裁决结果不满意时，即可根据《劳动争议调解仲裁法》第四十八条的规定，在收到仲裁裁决书之日起十五日内向人民法院提起诉讼	
	◎用人单位有证据证明终局裁决结果存在下述问题时，可根据《劳动争议调解仲裁法》第四十九条的规定，在收到仲裁裁决书之日起三十日内向劳动争议仲裁委员会所在地的中级人民法院申请撤销裁决： （1）适用法律、法规确有错误的 （2）劳动争议仲裁委员会无管辖权的 （3）违反法定程序的 （4）裁决所根据的证据是伪造的 （5）对方当事人隐瞒了足以影响公正裁决的证据的 （6）仲裁员在仲裁该案时有索贿受贿、徇私舞弊、枉法裁决行为的 仲裁裁决被人民法院裁定撤销的，当事人可以自收到裁定书之日起十五日内就该劳动争议事项向人民法院提起诉讼	终局裁决主要指《劳动争议调解仲裁法》第四十七条所规定的情形，即下列劳动争议，除本法另有规定的外，仲裁裁决为终局裁决，裁决书自作出之日起发生法律效力： （1）追索劳动报酬、工伤医疗费、经济补偿或者赔偿金，不超过当地月最低工资标准十二个月金额的争议 （2）因执行国家的劳动标准在工作时间、休息休假、社会保险等方面发生的争议
	◎劳动争议当事人对于非终局裁决的劳动争议案件的仲裁裁决不服时，可在收到仲裁裁决书之日起十五日内向人民法院提起诉讼	《劳动争议调解仲裁法》第五十条

第二十九条规定：“劳动争议仲裁委员会收到仲裁申请之日起五日内，认为符合受理条件的，应当受理，并通知申请人；认为不符合受理条件的，应当书面通知申请人不予受理，并说明理由。对劳动争议仲裁委员会不予受理或者逾期未作出决定的，申请人可以就该劳动争议事项向人民法院提起诉讼。”

第四十三条规定：“仲裁庭裁决劳动争议案件，应当自劳动争议仲裁委员会受理仲裁申请之日起四十五日内结束。案情复杂需要延期的，经劳动争议仲裁委员会主任批准，可以延期并书面通知当事人，但是延长期限不得超过十五日。逾期未作出仲裁裁决的，当事人可以就该劳动争议事项向人民法院提起诉讼。仲裁庭裁决劳动争议案件时，其中一部分事实已经清楚，可以就该部分先行裁决。”

3. 劳动争议诉讼时效

劳动争议诉讼时效是指相关权利人在法定期间内不行使权利的事实至法定期间届

满即丧失胜诉权的制度，即权利人未在法定时限内提起上诉的，法律对其合法权利不予保护。对于劳动争议诉讼时效，《劳动争议调解仲裁法》作出了明确的规定。具体说明如下。

第四十八条规定："劳动者对本法第四十七条规定的仲裁裁决不服的，可以自收到仲裁裁决书之日起十五日内向人民法院提起诉讼。"

第四十九条规定，用人单位有证据证明本法第四十七条规定的仲裁裁决有下列情形之一，可以自收到仲裁裁决书之日起三十日内向劳动争议仲裁委员会所在地的中级人民法院申请撤销裁决：

（1）适用法律、法规确有错误的；

（2）劳动争议仲裁委员会无管辖权的；

（3）违反法定程序的；

（4）裁决所根据的证据是伪造的；

（5）对方当事人隐瞒了足以影响公正裁决的证据的；

（6）仲裁员在仲裁该案时有索贿受贿、徇私舞弊、枉法裁决行为的。

人民法院经组成合议庭审查核实裁决有前款规定情形之一的，应当裁定撤销。仲裁裁决被人民法院裁定撤销的，当事人可以自收到裁定书之日起十五日内就该劳动争议事项向人民法院提起诉讼。

第五十条规定："当事人对本法第四十七条规定以外的其他劳动争议案件的仲裁裁决不服的，可以自收到仲裁裁决书之日起十五日内向人民法院提起诉讼；期满不起诉的，裁决书发生法律效力。"

即学即用

1. 阅读你与企业所签订的劳动合同，它是哪种形式的劳动合同？结合你所学的劳动合同知识，谈谈你对劳动合同的认识。

2.本章介绍了几种劳动争议解决方式？它们各有哪些特点和不同？如果出现劳动争议，你更倾向于选择哪种解决方式？

3. 你与用人单位的劳动合同因履行期满自然终止。作为一名优秀的“老员工”，你在与“接班人”交接工作过程中需要注意什么？

4. 姜某与一家公司签订了两年的劳动合同，根据合同规定，有一个月的试用期。试用期快结束的时候，公司要求和姜某解除合同。

请问，姜某可以要求经济补偿金吗？

社会保险

3.1 社会保险概述

3.1.1 社会保险法律概述

社会保险法是国家通过立法建立的一种社会保障制度，其目的是使劳动者在因年老、患病、生育、伤残、失业、死亡等原因而暂时中断劳动，或者永久丧失劳动能力不能获得劳动报酬，本人和供养的家属失去生活来源时，能够从社会（国家）获得物质帮助。国家举办社会保险事业，是国家对劳动者履行的社会责任，也是劳动者应该享受的基本权利。《社会保险法》第二条规定："国家建立基本养老保险、基本医疗保险、工伤保险、失业保险、生育保险等社会保险制度，保障公民在年老、疾病、工伤、失业、生育等情况下依法从国家和社会获得物质帮助的权利。"《劳动法》第七十二条规定："用人单位和劳动者必须依法参加社会保险，缴纳社会保险费。"

1. 社会保险的险种

根据社会保险保障的对象和具体情形的不同，社会保险的具体险种有基本养老保险、基本医疗保险、失业保险、工伤保险、生育保险五项。

（1）我国养老保险制度。养老保险（养老保险制度）是国家和社会根据一定的法律和法规，为解决劳动者在达到国家规定的解除劳动义务的劳动年龄界限，或因年老丧失劳动能力，退出劳动岗位后的基本生活需要而建立的一种社会保障制度。养老保险是社会保障制度的重要组成部分，是社会保险五大险种中最重要的险种之一。

我国实行的是具有中国特色的多层次养老保险制度，这是因为我国是一个发展中国家，地区间经济发展不平衡，不同地区、不同企业之间的养老保险水平在国家统一政策指导下存在一定差别；建立多层次养老保险体系可以减轻国家基本养老保险负担，适应不同经济条件的企业的需要，满足职工不同层次、不同水准的多种保障需求的需要，使养老保险制度更好地起到保障生活和安定社会的作用。

（2）我国医疗保险制度。医疗保险是指国家和社会通过立法，建立医疗保险基金，为劳动者提供疾病所需医疗费用资助的一种社会保障制度。

参加基本医疗保险最大的好处是实行社会统筹，具备共济性，增强了抗风险能力，保障了职工的基本医疗需求。第二个好处是能让参保人自主选择定点医疗机构和定点零售药店。第三个好处是设计了归个人所有的个人医疗账户，个人账户在规定范围内可自由支配，在不发生医疗费用的时间里，可为参保人积蓄一定的资金，并可依法继承。第四个好处是实行了社会网络化管理，一方面加强了医疗费用的监控，使医疗过程更加合理；另一方面就医时发生的医疗费，除个人自付部分，其余部分均可由医疗保险经办机构与医疗机构进行网上结算，既减轻了参保人的负担，又提供了方便快捷的服务。

（3）我国失业保险制度。失业保险是社会保险制度的基本内容之一，是指通过国家立法强制执行的，在劳动者由于非本人意愿而失去工作、收入，中止或失去生活来源时，从国家和社会获得帮助的一种社会保障制度。其实施的主要目的是确保暂时失业人员的基本生活，促进其再就业，维护社会稳定与和谐。

失业保险是在法定范围内的劳动者因失业而丧失经济来源时，按法定时限保障其基本生活需求的社会保险项目。这一概念的界定包括三层含义。

其一，失业保险是针对劳动者而言的，非本人意愿中断就业的；

其二，有法定时限；

其三，失业保险是以社会保险为手段达到保障目的的。

根据有关法律规定，具备下列条件的失业人员，可以领取失业保险金：按照规定参加失业保险，所在单位和本人已按照规定履行缴费义务满1年的；非因本人意愿中断就业的；已办理失业登记，并有求职要求的。失业人员在领取失业保险金期间，按规定同时享受其他失业保险待遇。其中，“非因本人意愿中断就业的”是指下列人员：终止劳动合同的；被用人单位解除劳动合同的；被用人单位开除、除名和辞退的；根据《劳动法》第三十二条第二、第三项与用人单位解除劳动合同的；法律、行政法规另有规定的。

失业保险金的领取流程是：失业人员应在终止或者解除劳动合同之日起60日内到受理其单位失业保险业务的经办机构申领失业保险金；失业人员申领失业保险金应填写《失业保险金申领表》，并出示相关证明材料，如本人身份证明、所在单位出具的终止或者解除劳动合同的证明、失业登记及省级劳动保障行政部门规定的其他材料等。

（4）我国工伤保险制度。在生产劳动过程中由于生产工具的使用不当，或劳动条件和劳动环境等因素，尤其是机器的使用和化学工业的发展以及先进科学技术的广泛应用，在工业化、城市化步伐加快，交通、建筑等工业高速发展的同时，不可避免地给劳动者增加了职业伤害的危险。工伤保险也称职业伤害保险，是指劳动者在生产劳动和其他工作过程中遭受意外伤害或患职业病后，由国家和社会向暂时或永久丧失劳动能力的劳动者本人以及死者遗属提供必要物质保障的一种社会保障制度。实行工伤保险制度，对于维护劳动者基本权益，保持社会稳定，促进经济发展与社会进步都具有十分重要的意义。

（5）我国生育保险制度。生育保险是国家通过社会保险立法，对生育职工给予经济、物质等方面帮助的一种社会保障制度。其宗旨在于通过向生育女职工提供生育津贴、产假以及医疗服务等方面的待遇，保障她们在生育期间得到必要的经济补偿和医疗保健，帮助生育女职工恢复劳动能力，重返工作岗位，从而体现国家和社会对妇女在这一特殊时期给予的支持和爱护。

国务院《女职工劳动保护特别规定》规定：女职工产假期间的生育津贴，对已经参加生育保险的，按照用人单位上年度职工月平均工资的标准由生育保险基金支付；对未参加生育保险的，按照女职工产假前工资的标准由用人单位支付。女职工生育或者流产的医疗费用，按照生育保险规定的项目和标准，对已经参加生育保险的，由生育保险基金支付；对未参加生育保险的，由用人单位支付。

2. 社会保险的特点

一般来说，社会保险具有下面几个显著的特点。

（1）非营利性。社会保险是非营利性保险，它不以营利为目的，而以实施社会政策为目的。社会保险不以经济效益的高低来决定其项目的取舍和保障水平的高低。如果社会保险财务出现赤字影响其运作，国家财政负有最终责任。

（2）强制性。社会保险属于强制性保险。社会保险的缴费标准和待遇项目、保险金的给付标准等，均由国家或地方的法律、法规统一规定。

（3）普遍保障性。社会保险对于社会所属成员具有普遍的保障责任。不论被保险人的年龄、就业年限、收入水平和健康状况如何，其一旦丧失劳动能力或失业，政府即依法提供收入损失补偿，以保障其基本生活需要，社会保险通常还为劳动者提供医疗护理、伤残康复、职业培训和介绍、老年活动等多方面的服务。

（4）权利与义务的基本对等性。社会保险待遇的给付一般不与个人劳动贡献直接相关联。享受者要做出贡献，但其享受并不是与其贡献完全一致的，其分配制度是以有利于低收入阶层为原则的。因为同样的风险事故，对于低收入劳动者所造成的威胁通常要高于高收入者。

3.1.2　社会保险适用的法律、法规

各项社会保险适用的法律、法规及规范性文件，见表 3–1。

表 3–1　社会保险适用的法律、法规及规范性文件

法律、法规名称	颁布单位	实施（试行）日期
《企业职工生育保险试行办法》	劳动部	1995 年
《国务院关于建立统一的企业职工基本养老保险制度的决定》	国务院	1997 年
《国务院关于建立城镇职工基本医疗保险制度的决定》	国务院	1998 年
《失业保险条例》	国务院	1999 年
《社会保险登记管理暂行办法》	劳动和社会保障部	1999 年
《工伤保险条例》	国务院	2004 年（于 2010 年修订）

续表

法律、法规名称	颁布单位	实施（试行）日期
《社会保险法》	全国人民代表大会常务委员会	2011 年 （于 2018 年修订）
《工伤认定办法》	人力资源和社会保障部	2011 年
《女职工劳动保护特别规定》	国务院	2012 年
《失业保险金申领发放办法》	人力资源和社会保障部	2019 年修订
《社会保险费征缴暂行条例》	国务院	2019 年

3.2　社会保险及住房公积金

3.2.1　基本养老保险

根据《关于规范社会保险缴费基数有关问题的通知》，基本养老保险缴费基数一般是以职工上一年度本人月平均工资为基础。各地区每年在相对固定的时间会公布上年在岗职工月平均工资，以便用人单位将其作为社保缴纳和工资发放的参考或依据。

3.2.2　基本医疗保险

我国现行基本医疗保险缴费基数一般根据职工本人工资确定，因各地区实际情况不同，因此具体缴费基数根据本地实际情况确定。我国法律要求用人单位必须按照规定为职工办理、缴纳医疗保险费，但并未对医疗保险缴费比例进行统一规定，各省市可以根据本地医疗保险规定执行。但一般都是由用人单位与职工本人共同缴纳。

3.2.3　失业保险

失业保险是五项社会保险之一，由用人单位跟职工共同缴纳。各地的缴费比例都不尽相同。用人单位失业保险缴费基数为本单位工资总额，职工失业保险缴纳基数为本人工资，用人单位和职工个人总计的缴费比例根据各地区具体规定确定，农民工不缴纳失业保险费。

3.2.4 工伤保险

《社会保险法》第三十三条规定:“职工应当参加工伤保险,由用人单位缴纳工伤保险费,职工不缴纳工伤保险费。”第三十五条规定:“用人单位应当按照本单位职工工资总额,根据社会保险经办机构确定的费率缴纳工伤保险费。”由此可知工伤保险的缴费基数为本单位职工工资总额。

《工伤保险条例》第八条规定:“工伤保险费根据以支定收、收支平衡的原则,确定费率。国家根据不同行业的工伤风险程度确定行业的差别费率,并根据工伤保险费使用、工伤发生率等情况在每个行业内确定若干费率档次。行业差别费率及行业内费率档次由国务院社会保险行政部门制定,报国务院批准后公布施行。统筹地区经办机构根据用人单位工伤保险费使用、工伤发生率等情况,适用所属行业内相应的费率档次确定单位缴费费率。”由此可知,不同行业的工伤保险缴费比例是不相同的。各地区在确定工伤保险缴费比例时也可以根据本地区的情况,在行业内相应的费率档次内确定工伤保险缴费比例。

3.2.5 生育保险

我国并未对生育保险缴费基数做统一规定,各地区根据本地区的情况确定生育保险缴费比例。

3.2.6 住房公积金

住房公积金是指国家机关和事业单位、国有企业、城镇集体企业、外商投资企业、城镇私营企业及其他城镇企业和事业单位、民办非企业单位、社会团体及其在职职工,对等缴存的长期住房储蓄。

1. 住房公积金的缴存基数

《住房公积金管理条例》第十六条规定:“职工住房公积金的月缴存额为职工本人上一年度月平均工资乘以职工住房公积金缴存比例。单位为职工缴存的住房公积金的月缴存额为职工本人上一年度月平均工资乘以单位住房公积金缴存比例。”

由此可知,职工和用人单位住房公积金的缴纳基数都为职工的上一年度月平均工资。

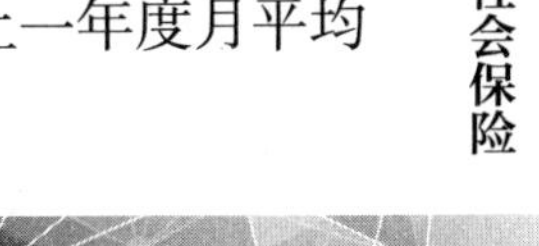

《住房公积金管理条例》第十三条规定："单位应当向住房公积金管理中心办理住房公积金缴存登记，并为本单位职工办理住房公积金账户设立手续。每个职工只能有一个住房公积金账户。"

《住房公积金管理条例》第十七条规定："新参加工作的职工从参加工作的第二个月开始缴存住房公积金，月缴存额为职工本人当月工资乘以职工住房公积金缴存比例。单位新调入的职工从调入单位发放工资之日起缴存住房公积金，月缴存额为职工本人当月工资乘以职工住房公积金缴存比例。"

由此可知，新参加工作和新调入的职工以职工本人当月工资总额为缴费基数。

2. 住房公积金最低缴存比例

《住房公积金管理条例》第十八条规定："职工和单位住房公积金的缴存比例均不得低于职工上一年度月平均工资的5%；有条件的城市，可以适当提高缴存比例。具体缴存比例由住房公积金管理委员会拟订，经本级人民政府审核后，报省、自治区、直辖市人民政府批准。"由此可知，各地住房公积金缴纳比例都不尽相同。

3. 住房公积金的提取

根据《住房公积金管理条例》第二十四条规定，职工有下列情形之一的，可以提取职工住房公积金账户内的存储余额：

（1）购买、建造、翻建、大修自住住房的；

（2）离休、退休的；

（3）完全丧失劳动能力，并与单位终止劳动关系的；

（4）出境定居的；

（5）偿还购房贷款本息的；

（6）房租超出家庭工资收入的规定比例的。

职工死亡或者被宣告死亡的，职工的继承人、受遗赠人可以提取职工住房公积金账户内的存储余额；无继承人也无受遗赠人的，职工住房公积金账户内的存储余额纳入住房公积金的增值收益。

即学即用

1. 你的五险一金每个月分别是多少？谈谈你对社会保险制度和五险一金的相关法律常识的认识。

2. 王某是外来务工人员，在某酒店从事服务工作。王某与酒店在劳动合同中约定，王某书面承诺不需要酒店为其缴纳社会保险费，酒店每月支付王某社会保险费补贴 200 元。后来，王某听说社会保险费可以全国转移，又要求酒店为其缴纳，酒店以有约在先为由予以拒绝。王某以酒店未为其依法缴纳社会保险费为由提出与酒店解除劳动合同，并要求酒店补缴社会保险费和支付经济补偿。

请你结合所学知识，分析一下王某和酒店的行为是否合法，为什么？

劳动权益

4.1　取得劳动报酬的权益

我国宪法和劳动法都把劳动者取得劳动报酬作为劳动者享有的基本权利。

《宪法》第四十二条规定："国家通过各种途径，创造劳动就业条件，加强劳动保护，改善劳动条件，并在发展生产的基础上，提高劳动报酬和福利待遇。"

《劳动法》第三条规定，劳动者享有取得劳动报酬的权利。第四十六条规定，工资分配应当遵循按劳分配原则，实行同工同酬。第五十一条规定，劳动者在法定休假日和婚丧假期间以及依法参加社会活动期间，用人单位应当依法支付工资。

4.1.1　最低工资标准

1. 最低工资概述

最低工资指劳动者在法定工作时间提供了正常劳动的前提下，其雇主或用人单位支付的最低金额的劳动报酬。最低工资一般不包括加班工资以及特殊工作环境、特殊条件下的津贴，也不包括劳动者保险、福利待遇和各种非货币的收入，最低工资应以法定货币按时支付。

2. 最低工资特点

最低工资数额由最低工资率确定，最低工资只确定了劳动者的最低工资标准，它要求所有的用人单位在向本单位劳动者支付工资或通过劳动合同约定工资数额时，均不得低于最低工资率确定的工资标准，否则约定无效，并按最低工资标准执行。

3. 最低工资法律规定

《劳动法》第四十八条规定："国家实行最低工资保障制度。最低工资的具体标准由省、自治区、直辖市人民政府规定，报国务院备案。用人单位支付劳动者的工资不得低于当地最低工资标准。"

确定和调整最低工资标准，按照《劳动法》第四十九条要求，应当综合参考劳动者本人及平均赡养人口的最低生活费用、社会平均工资水平、劳动生产率、就业状况以及地区之间经济发展水平的差异等因素。

由此可以看出，在《劳动法》中对于最低工资标准其实没有具体的规定，各地要按照本地区的法律、法规来确定。

4.1.2 加班及相关权益

加班是职工日常工作中的常见事项，也是最容易产生劳动纠纷的环节。所谓加班，一般指用人单位由于生产经营需要，经与工会和职工协商后，安排职工在法定工作时间以外继续工作的情形。对加班，职工要了解加班的形式、限制条件与实际工作中的特别事项。此处仅列举《劳动法》中的相关规定，在实际工作中，各用人单位将根据本单位经营生产情况制定具体的规章制度，并告知职工参照执行。

1. 职工加班的形式

职工加班一般包括三种形式，即在两个工作日之间的休息时间加班、在公休日加班及在法定节假日加班。

（1）在两个工作日之间的休息时间加班。两个工作日之间的休息时间是指职工在一个工作日结束后至下一个工作日开始之间的休息时间。

（2）在公休日加班。公休日即周休息日，又称"工作周之间的休息日"，是指职工工作满一个工作周以后的休息时间。在现实中，用人单位安排职工在周六日加班的情况比较普遍，这种情况即为在公休日加班。

（3）在法定节假日加班。法定节假日是国家法律统一规定的用于开展纪念、庆祝活动的休息时间。

2. 职工加班的限制条件

《劳动法》第四十一条规定："用人单位由于生产经营需要，经与工会和劳动者协商后可以延长工作时间，一般每日不得超过一小时；因特殊原因需要延长工作时间的，在保障劳动者身体健康的条件下延长工作时间每日不得超过三小时，但是每月不得超过三十六小时。"由此可见，法律对用人单位安排职工加班有所限制，具体如下。

（1）程序限制。用人单位由于生产经营需要，经与工会和劳动者协商后才可以延长工作时间。

（2）时间限制。用人单位延长工作时间，一般每日不得超过一小时；因特殊原因需要延长工作时间的，在保障劳动者身体健康的条件下延长工作时间每日不得超过三小时，但是每月不得超过三十六小时。

有关法律也对一些特殊情况进行了规定，这些特殊情况将不受程序及时间的限制。

如《劳动法》第四十二条规定，有下列情形之一的，延长工作时间不受本法第四十一条规定的限制：

1）发生自然灾害、事故或者因其他原因，威胁劳动者生命健康和财产安全，需要紧急处理的；

2）生产设备、交通运输线路、公共设施发生故障，影响生产和公众利益，必须及时抢修的；

3）法律、行政法规规定的其他情形。

对于职工加班法律限制条件的理解，下面以两个具体的案例进行说明。

案例 1：小杨于 2020 年 10 月进入 ×× 有限公司，劳动合同中规定公司实行标准工时制度。一天，小杨的领导让他周六加班，小杨身体不适遂拒绝了加班。没想到公司因此给小杨记大过处分，还扣罚两个月效益奖。小杨不服，向当地劳动仲裁机构提出仲裁申请。经仲裁委员会仲裁，该公司应按平均效益奖标准补发小杨的效益奖。

案例2：刘某是某化工厂的技术工人。2021年6月的一天，刘某所在的车间发生设备故障，影响生产，急需抢修。车间主任再三打电话及发短信通知刘某抢修，刘某均以双休日为由拒绝加班。化工厂为防止意外事故发生，被迫停产两天，造成万余元的直接经济损失。于是，化工厂要求刘某赔偿损失。但刘某不服，认为化工厂擅自决定加班属于违法，自己可以不来加班，故不应对化工厂的损失负责。经仲裁委主持调解，王某一次性赔偿化工厂经济损失3 000元。

依法说案

案例1中，根据《劳动法》第四十一条规定，用人单位安排职工加班，应当及时通知职工并经职工同意。如果职工不同意，用人单位原则上不能强制职工加班。因此，该案例中职工可以拒绝加班，用人单位以此为由进行处罚是没有根据的，属于违法行为。

案例2中，根据《劳动法》第四十二条规定，车间发生设备故障急需抢修，其延长工作时间不受《劳动法》第四十一条规定的限制。即发生此种情况，用人单位虽未与工会和职工本人协商一致，仍可以要求职工立即加班，这并不违法。与之对应，刘某拒不按化工厂要求加班违反了自身的法定义务，给化工厂的生产、经营造成了直接经济损失，用人单位可以结合规章制度的相关规定，对其作出相应的处罚。

（3）对象限制。根据《劳动法》第六十一条规定，用人单位对怀孕七个月以上的女职工，不得安排其延长工作时间和夜班劳动。第六十三条规定，用人单位不得安排女职工在哺乳未满一周岁的婴儿期间延长工作时间和夜班劳动。

3. 实际工作中的特别事项

在实际工作中，职工还要注意以下几个关键点：

（1）约定加班工资计算基数。有的单位为控制加班成本，会事先与职工约定加班工资计算基数，而我国部分地区的地方性法规也允许劳资双方自行约定加班工资的计算基数。

（2）明确本单位的考勤方式。在现实中，考勤方式主要有签到表签到、指纹打卡机打卡、考勤软件打卡等。用人单位不管采用何种考勤方式，都应在考勤制度中予以明确并强调此种方式是本单位记录职工出勤的唯一方式，在非经本单位允许的情况下，排除职工以其他方式记录出勤的情况。有些用人单位在考勤制度

中还约定下班后必须打卡签退，以此来督促职工按时打卡。对此，职工要有所了解，定期查看自己的考勤，以防系统漏记。

（3）加班可安排补休。《劳动法》第四十四条规定，有下列情形之一的，用人单位应当按照下列标准支付高于劳动者正常工作时间工资的工资报酬：

1）安排劳动者延长工作时间的，支付不低于工资的150%的工资报酬；

2）休息日安排劳动者工作又不能安排补休的，支付不低于工资的200%的工资报酬；

3）法定休假日安排劳动者工作的，支付不低于工资的300%的工资报酬。

案例回放

胡某在一塑料加工厂工作，该公司实行“四班三倒”制，即职工分为四班，一班上早班，一班上中班，一班上晚班，一班休息，每班8小时，轮换上班的工作制度。

去年，公司和胡某解除了劳动合同，胡某要求公司支付以往的加班工资。公司认为他们实行的是轮班制度，每次下班以后要隔24小时才来上班，不应当再支付加班费。

因双方没有达成一致，胡某提请仲裁委员会仲裁。仲裁委员会经调查取证后认为实行轮班工作制的职工，工作日正好是公休日的，属于正常工作；工作日正好是法定节假日的，应当视为加班。最后经仲裁委员会调解，公司同意支付胡某6 000余元的加班费。

4.2 休息休假的权益

休息休假是指劳动者在国家规定的法定工作时间外自行支配的时间，包括劳动者每天休息的时数、每周休息的天数、节假日、年休假、探亲假等。它是公民的基本权利之一，受到国家法律、法规的保护，与之相关的法律、法规较多，常见的有如下几个。

1.《宪法》

《宪法》第四十三条中规定：“中华人民共和国劳动者有休息的权利。国家发展劳动者休息和休养的设施，规定职工的工作时间和休假制度。”

2.《劳动法》

《劳动法》第四章有关于“工作时间和休息休假”的详细规定如下：

第三十六条【标准工作时间】国家实行劳动者每日工作时间不超过八小时、平均每周工作时间不超过四十四小时的工时制度。

第三十七条【计件工作时间】对实行计件工作的劳动者，用人单位应当根据本法第三十六条规定的工时制度合理确定其劳动定额和计件报酬标准。

第三十八条【劳动者的周休日】用人单位应当保证劳动者每周至少休息一日。

第三十九条【其他工时制度】企业因生产特点不能实行本法第三十六条、第三十八条规定的，经劳动行政部门批准，可以实行其他工作和休息办法。

第四十条【法定休假节日】用人单位在下列节日期间应当依法安排劳动者休假：（1）元旦；（2）春节；（3）国际劳动节；（4）国庆节；（5）法律、法规规定的其他休假节日。

第四十一条【延长工作时间】用人单位由于生产经营需要，经与工会和劳动者协商后可以延长工作时间，一般每日不得超过一小时；因特殊原因需要延长工作时间的，在保障劳动者身体健康的条件下延长工作时间每日不得超过三小时，但是每月不得超过三十六小时。

第四十二条【特殊情况下的延长工作时间】有下列情形之一的，延长工作时间不受本法第四十一条规定的限制：（1）发生自然灾害、事故或者因其他原因，威胁劳动者生命健康和财产安全，需要紧急处理的；（2）生产设备、交通运输线路、公共设施发生故障，影响生产和公众利益，必须及时抢修的；（3）法律、行政法规规定的其他情形。

第四十三条【用人单位延长工作时间的禁止】用人单位不得违反本法规定延长劳动者的工作时间。

第四十四条【延长工时的工资支付】有下列情形之一的，用人单位应当按照下列标准支付高于劳动者正常工作时间工资的工资报酬：（1）安排劳动者延长工作时间的，支付不低于工资的150%的工资报酬；（2）休息日安排劳动者工作又不能安排补休的，支付不低于工资的200%的工资报酬；（3）法定休假日安排劳动者工作的，支付不低于工资的300%的工资报酬。

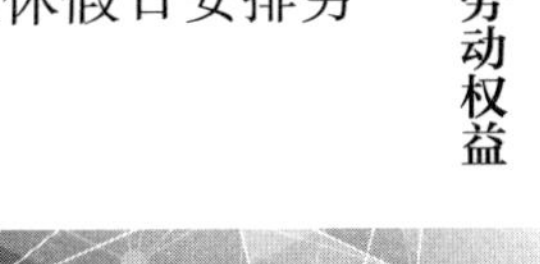

第四十五条【年休假制度】国家实行带薪年休假制度。劳动者连续工作一年以上的，享受带薪年休假。具体办法由国务院规定。

3. 全国年节及纪念日放假办法

根据自 2014 年 1 月 1 日起施行的《国务院关于修改〈全国年节及纪念日放假办法〉的决定》，我国法定节假日的具体内容见表 4–1。

表 4–1　我国法定节假日的具体内容

法定节假日的类型	法定节假日的安排
全体公民放假的节日	1. 新年，放假 1 天（1 月 1 日） 2. 春节，放假 3 天（农历正月初一、初二、初三） 3. 清明节，放假 1 天（农历清明当日） 4. 劳动节，放假 1 天（5 月 1 日） 5. 端午节，放假 1 天（农历端午当日） 6. 中秋节，放假 1 天（农历中秋当日） 7. 国庆节，放假 3 天（10 月 1 日、2 日、3 日）
部分公民放假的节日及纪念日	1. 妇女节（3 月 8 日），妇女放假半天 2. 青年节（5 月 4 日），14 周岁以上的青年放假半天 3. 儿童节（6 月 1 日），不满 14 周岁的少年儿童放假 1 天 4. 中国人民解放军建军纪念日（8 月 1 日），现役军人放假半天
少数民族习惯的节日	由各少数民族聚居地区的地方人民政府，按照各该民族习惯，规定放假日期
备注	全体公民放假的假日，如果适逢星期六、星期日，应当在工作日补假。部分公民放假的假日，如果适逢星期六、星期日，则不补假

4.2.1　事假

事假是指职工因私事，即除身体、工作之外的原因，需要停止工作的休假。这里的事假应区别于职工依法享有的年休假、探亲假、婚假、丧假等，因为事假的条件、天数以及事假期间的工资待遇可由用人单位在自己的规章制度中规定；而职工依法享有的休假的条件、天数以及休假期间的工资待遇由相关法律明确规定，用人单位不能触碰其底线。

对于事假期间的工资待遇，一些地方性法规会做具体规定。一般来说事假期间，职工并未向用人单位提供劳动，用人单位不支付事假期间的工资也是合情、合理、合法的。

同时，用人单位也应注意在处理事假期间的工资待遇问题上，除可以不支付劳动者事假期间的工资外，不能再扣除事假以外的工资。

4.2.2 病假

病假是指职工因自然患病（非职业病）或非因工负伤，需要停止工作，接受治疗或休息疗养的假期。

一般情况下，职工请病假都需要开具证明资料，并由企业审核批准，一些企业可能会对职工病情的真伪进行鉴别。通常，企业会要求职工提交病历本、病假证明、医药费单据等材料，对病假的真实性进行审查。

在工作中，职工应按照用人单位具体的规章制度执行，同时要掌握医疗期长短、累计病休周期以及病休工资的计算方法，从而维护自己的合法权益。

根据我国现行劳动法律、法规以及政策性文件的相关规定，用人单位的职工因患病需要停止工作进行医疗时，用人单位应该根据职工本人实际参加工作年限和在本单位工作年限，给予一定的医疗期，在医疗期内，用人单位不得解除劳动合同。

根据原劳动部 1994 年发布的《企业职工患病或非因工负伤医疗期规定》第三条规定，职工医疗期计算标准见表 4–2。

表 4–2　职工医疗期计算标准表

实际工作年限	在本单位工作年限	医疗期月数
十年以下	五年以下	三
	五年以上	六
十年以上	五年以下	六
	五至十年	九
	十至十五年	十二
	十五至二十年	十八
	二十年以上	二十四

需要注意的是，如果本地区或用人单位对于医疗期的期限及计算方法有具体的规定，应按照具体规定执行。

对于医疗期届满的职工，用人单位可以依据《劳动合同法》第四十条规定采取措施，劳动者患病或者非因工负伤，在规定的医疗期满后不能从事原工作，也

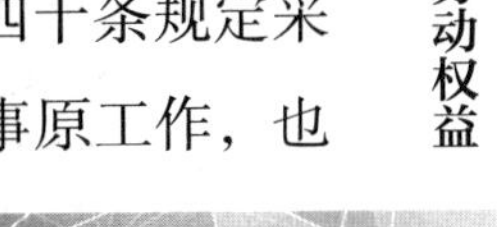

不能从事由用人单位另行安排的工作的，用人单位可以提前三十日以书面形式通知劳动者本人或者额外支付劳动者一个月工资后，解除劳动合同。

医疗期从职工病休之日起开始计算，在规定的时间内累计病休时间达到规定医疗期时限的视为医疗期满。连续病休的，其节假日按病休日计算。根据实际情况，对某些患特殊疾病（如癌症、精神病、瘫痪等）的职工，在24个月内尚不能痊愈的，经企业和劳动主管部门批准，可以适当延长医疗期。

对于职工病假期间的工资发放标准，原劳动部发布的《关于贯彻执行〈中华人民共和国劳动法〉若干问题的意见》第五十九条规定："职工患病或非因工负伤治疗期间，在规定的医疗期间内由企业按有关规定支付其病假工资或疾病救济费，病假工资或疾病救济费可以低于当地最低工资标准支付，但不能低于最低工资标准的80%。"这相当于给用人单位支付职工病假期间工资设置了底线。

需要注意的是，关于病假期间的工资，若地方立法有相应规定的，用人单位应按照当地的规定执行。

4.2.3 婚假

关于职工婚假，先看一则案例。

案例回放

张小姐18岁时进入S公司工作，1年后（此时张小姐19岁）与本公司职工陈先生（27岁）相恋，并决定结婚。张小姐、陈先生以要回老家办酒席为由，向公司提出休婚假的申请。

依法说案

《民法典》第一千零四十七条规定："结婚年龄，男不得早于二十二周岁，女不得早于二十周岁。"同时，该法第一千零四十九条规定："要求结婚的男女双方应当亲自到婚姻登记机关申请结婚登记。符合本法规定的，予以登记，发给结婚证。完成结婚登记，即确立婚姻关系。未办理结婚登记的，应当补办登记。"

由上述两条法规可以得出，本案例中十九岁的张小姐不符合结婚年龄要求，也没有进行结婚登记并取得结婚证。因此，本案中的S公司可以拒绝张小姐与陈先生的婚假申请。

上述案例中的张小姐属于早婚。早婚指不符合我国《民法典》规定，男女双方没达到法定年龄（男二十二周岁，女二十周岁）而结婚的现象。对于早婚这种不合法行为，用人单位可以拒绝职工的婚假申请，而对于合法的婚假，职工应该如何申请？

关于婚假，我国在法律层面没有规定，通常情况下，用人单位一般按最长三天婚假计算；个别地方有具体规定超过三天的，用人单位应参照地方规定执行。

《工资支付暂行规定》（劳部发〔1994〕489 号）第十一条规定："劳动者依法享受年休假、探亲假、婚假、丧假期间，用人单位应按劳动合同规定的标准支付劳动者工资。"根据上述规定，用人单位不得扣减职工婚假期间工资。

4.2.4 产假、陪产假

产假既是一种对女性职工的劳动保护，也是一种劳动权益。在我国现行的劳动法律、法规中，只针对女职工休产假作了具体规定，2021 年《人口与计划生育法》出台后，各地出台地方性法规，对假期进行规定。

1. 我国法律对产假的规定

按照《劳动法》《女职工劳动保护特别规定》等法律、法规，女职工的产假权益如下。

（1）女职工生育享受九十八天的产假，其中产前可以休假十五天。

（2）女职工难产的，增加产假十五天；生育多胞胎的，每多生育一个婴儿，增加产假十五天。

（3）女职工怀孕未满四个月流产的，享受十五天产假；怀孕满四个月流产的，享受四十二天产假。

（4）女职工产假期满恢复工作时，应允许有一至两周的时间逐步恢复定额工作量。

近年来，男职工的"陪产假"权益逐渐被重视，即依法登记结婚的夫妻，女方在享受产假期间，男方享有一定时间看护、照料对方的权利。具体规定通常出现在各省、自治区、直辖市的人口与计划生育条例中。

2. 哺乳期权益

《劳动法》第六十三条规定："不得安排女职工在哺乳未满一周岁的婴儿期间从事国家规定的第三级体力劳动强度的劳动和哺乳期禁忌从事的其他劳动，不得安排其延长工作时间和夜班劳动。"

《劳动法》第二十九条和《女职工劳动保护特别规定》第五条都规定了女职工在孕期、产期、哺乳期内，用人单位不得终止劳动关系，合同期限应顺延至孕期、产期、哺乳期结束。

3. 产检假

关于职工产检假，先看一则案例。

案例回放

> 李女士是一工厂的工人，怀孕后因产前检查的问题和工厂人力资源部门起了冲突。人力资源部门称劳动法中只有产假而无产检假规定，本工厂请假制度中也没有产检假一说，故对李女士的产检假不予批准。因此，李女士被多次扣发工资及全勤奖。李女士对此不服，遂申请仲裁。

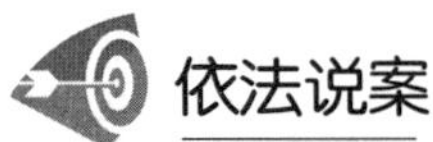

依法说案

> 上述案例中，李女士的仲裁申请一般情况下会被支持。尽管《劳动法》对产检假没有规定，但是国务院公布的《女职工劳动保护特别规定》第六条规定："怀孕女职工在劳动时间内进行产前检查，所需时间计入劳动时间。"由此可见，该工厂扣发李女士工资及全勤奖是不合法的，应予以纠正，并修改本工厂的相关制度，以确保其内容合法。

产检假是指怀孕的女职工在劳动时间内进行产前检查。关于产检假的次数和天数，国家并没有统一规定，为规范产检假的审批工作，用人单位应在规章制度中明确职工请产检假的具体要求以及所需持有的证明，如产检预约单、产检记录、诊断证明等。

4.2.5 丧假

关于职工丧假，先看两则案例。

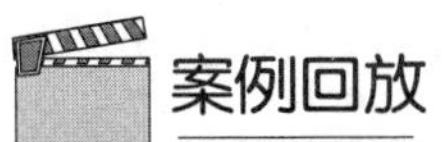

案例回放

> 案例 1：张某就职于北京一家公司，前几天其家里人打电话通知他爷爷去世了，需要马上回家。知道丧假是不扣工资的，张某想请丧假，但是又不知道爷爷去世是否属于丧假请假范围，故张某不知如何是好。
>
> 案例 2：李女士就职于北京一家公司，其婆婆于日前过世，李女士需要料理后事，遂想向公司请丧假。李女士不知道婆婆去世是否属于丧假请假范围，故不知如何是好。

职工休丧假的，用人单位可参考原国家劳动总局、财政部发布的《关于国营企业职工请婚丧假和路程假问题的通知》的有关规定，具体如下：

1. 职工本人结婚或职工的直系亲属（父母、配偶和子女）死亡时，可以根据具体情况，由本单位行政领导批准，酌情给予一至三天的婚丧假。

2. 职工结婚时双方不在一地工作的；职工在外地的直系亲属死亡时需要职工本人去外地料理丧事的，都可以根据路程远近，另给予路程假。

3. 在批准的婚丧假和路程假期间，职工的工资照发。途中的车船费等全部由职工自理。

根据上述规定，父母、配偶和子女死亡属于丧假的请假范围，但是在实际中往往会碰到职工爷爷奶奶去世、岳父母去世、公公婆婆去世的情形。面对上述情形时，用人单位可在参照国家法律规定的基础上，依照本地区相关法律、法规规定执行。

4.2.6 带薪年休假

根据《工资支付暂行规定》第十一条的规定："劳动者依法享受年休假、探亲假、婚假、丧假期间，用人单位应按劳动合同规定的标准支付劳动者工资。"

2008 年起施行的《职工带薪年休假条例》（国务院令第 514 号）第二条规定："机关、团体、企业、事业单位、民办非企业单位、有雇工的个体工商户等单位的职工连续工作一年以上的，享受带薪年休假（以下简称年休假）。单位应当保证职工享受年休假。职工在年休假期间享受与正常工作期间相同的工资收入。"第三条规定："职工累计工作已满一年不满十年的，年休假五天；已满十年不满二十年

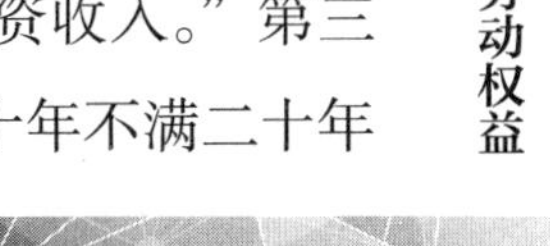

的，年休假十天；已满二十年的，年休假十五天。国家法定休假日、休息日不计入年休假的假期。”

2008年施行的《企业职工带薪年休假实施办法》（人力资源和社会保障部令第1号）对带薪年休假的休假条件及时间也进行了规范，其中第三条规定：“职工连续工作满十二个月以上的，享受带薪年休假。”第四条规定：“年休假天数根据职工累计工作时间确定。职工在同一或者不同用人单位工作期间，以及依照法律、行政法规或者国务院规定视同工作期间，应当计为累计工作时间。”第五条规定：“职工新进用人单位且符合本办法第三条规定的，当年度年休假天数，按照在本单位剩余日历天数折算确定，折算后不足一整天的部分不享受年休假。前款规定的折算方法为：（当年度在本单位剩余日历天数 ÷365天）× 职工本人全年应当享受的年休假天数。”

案例回放

2021年6月，某公司的职工A已连续在该公司工作15年，A可以申请几日的带薪年休假？A即将退休，新进大学毕业生员工B拟接替A的工作。员工B进入该公司10个月，B是否可以申请带薪年休假？

依法说案

根据《职工带薪年休假条例》第二条规定：“机关、团体、企业、事业单位、民办非企业单位、有雇工的个体工商户等单位的职工连续工作一年以上的，享受带薪年休假。”第三条规定：“职工累计工作已满一年不满十年的，年休假五天；已满十年不满二十年的，年休假十天；已满二十年的，年休假十五天。”因此职工A可申请的带薪年休假为十天，职工B暂不享受带薪年休假。

4.2.7 其他假

部分省、市、自治区还在国家法定休假的基础上规定了育儿假、独生子女护理假等假期，企业及职工应根据所在地区的规定执行。

4.3 职业健康与卫生

4.3.1 职业健康

职业健康的定义有很多，最为权威的是1950年由国际劳工组织和世界卫生组织的联合职业委员会给出的定义。职业健康应以促进并维持各行业职工的生理、心理及社交处在最好状态为目的，并防止职工的健康受工作环境影响，保护职工不受健康危害因素伤害，并将职工安排在适合他们的生理和心理的工作环境中。

为了保障职工的职业健康，应根据职工的实际工作情况，对其进行职业健康检查，以保护职工免受职业病的危害。

职业健康检查是指根据职工的职业接触史，对职工进行有针对性的定期或不定期的健康体检。

1. 必须进行职业健康检查的情形

《劳动法》第五十四条规定："用人单位必须为劳动者提供符合国家规定的劳动安全卫生条件和必要的劳动防护用品，对从事有职业危害作业的劳动者应当定期进行健康检查。"同时该法第六十五条规定："用人单位应当对未成年工定期进行健康检查。"

《劳动合同法》第四十二条规定，从事接触职业病危害作业的劳动者未进行离岗前职业健康检查，或者疑似职业病病人在诊断或者医学观察期间的，用人单位不得依照《劳动合同法》第四十条、第四十一条的规定解除劳动合同。

《中华人民共和国职业病防治法》（以下简称《职业病防治法》）第三十五条规定："对从事接触职业病危害的作业的劳动者，用人单位应当按照国务院卫生行政部门的规定组织上岗前、在岗期间和离岗时的职业健康检查，并将检查结果书面告知劳动者。职业健康检查费用由用人单位承担。"

2015年施行的《职业健康检查管理办法》第二条规定："本办法所称职业健康检查是指医疗卫生机构按照国家有关规定，对从事接触职业病危害作业的劳动者进行的上岗前、在岗期间、离岗时的健康检查。"

2012年施行的《用人单位职业健康监护监督管理办法》第三条规定："本办法所称职业健康监护，是指劳动者上岗前、在岗期间、离岗时、应急的职业健康检查和职业健康监护档案管理。"

根据上述法律规定，结合《用人单位职业健康监护监督管理办法》第十一条、第十三条、第十四条、第十五条、第二十一条的规定，用人单位必须对从事有职业危害作业的职工进行职业健康检查的情形见表4-3。

表4-3　职业健康检查的情形

情形	检查对象
劳动者上岗前	1. 拟从事接触职业病危害作业的新录用劳动者，包括转岗到该作业岗位的劳动者 2. 拟从事有特殊健康要求作业的劳动者
劳动者在岗期间	接触职业病危害因素的劳动者
劳动者离岗前	准备脱离所从事的职业病危害作业或者岗位的劳动者
用人单位发生应急情况时	1. 接触职业病危害因素的劳动者在作业过程中出现与接触职业病危害因素相关的不适症状 2. 劳动者受到急性职业中毒危害或者出现职业中毒症状
用人单位发生分立、合并、解散、破产等情形时	用人单位劳动者

2. 职业健康检查的费用承担

《职业病防治法》第三十五条规定："职业健康检查费用由用人单位承担。"

《用人单位职业健康监护监督管理办法》第八条规定："用人单位应当组织劳动者进行职业健康检查，并承担职业健康检查费用。劳动者接受职业健康检查应当视同正常出勤。"

由上述法律、法规的规定可知，职业健康检查的费用由用人单位承担，且职工接受职业健康检查的时间也视同正常出勤，用人单位不得擅自将其计入事假、病假等，不得借此扣减职工工资。

3. 职业健康检查的档案管理

《职业病防治法》第三十六条规定："用人单位应当为劳动者建立职业健康监护档案，并按照规定的期限妥善保存。职业健康监护档案应当包括劳动者的职业史、职业病危害接触史、职业健康检查结果和职业病诊疗等有关个人健康资料。劳动者离开用人单位时，有权索取本人职业健康监护档案复印件，用人单位应当如实、无偿提供，并在所提供的复印件上签章。”

4. 职业健康检查结果的处理

根据《用人单位职业健康监护监督管理办法》第十七条规定，用人单位应当根据职业健康检查报告，采取下列措施，具体如图 4-1 所示。

1 对有职业禁忌的劳动者，调离或者暂时脱离原工作岗位

2 对健康损害可能与所从事的职业相关的劳动者，进行妥善安置

3 对需要复查的劳动者，按照职业健康检查机构要求的时间安排复查和医学观察

4 对疑似职业病病人，按照职业健康检查机构的建议安排其进行医学观察或者职业病诊断

5 对存在职业病危害的岗位，立即改善劳动条件，完善职业病防护设施，为劳动者配备符合国家标准的职业病危害防护用品

图 4-1 职业健康检查结果的处理措施

4.3.2 职业卫生

职业卫生研究的是人类从事各种职业劳动过程中的卫生问题，它以职工的健康在职业活动过程中免受有害因素侵害为目的，其中包括劳动环境对劳动者健康的影响以及防止职业性危害的对策。其实质是对各种工作中的职业病危害因素所致损害或疾病的预防，属预防医学的范畴。

1. 职业卫生相关法律、法规

职业卫生相关法律、法规见表 4-4。

表 4-4 职业卫生相关法律、法规

法律、法规	内容
法律	《宪法》《安全生产法》《职业病防治法》《劳动法》《中华人民共和国工会法》《中华人民共和国矿山安全法实施条例》《中华人民共和国妇女权益保障法》《刑法》《中华人民共和国建筑法》《中华人民共和国执业医师法》《中华人民共和国行政处罚法》《中华人民共和国行政复议法》《中华人民共和国行政诉讼法》《中华人民共和国国家赔偿法》等

续表

法律、法规	内容
法规	《中华人民共和国尘肺病防治条例》《使用有毒物品作业场所劳动保护条例》《突发公共卫生事件应急条例》《放射性同位素与射线装置安全和防护条例》《工伤保险条例》等
部门规章	《放射事故管理规定》（卫生部令第16号） 《放射防护器材与含放射性产品卫生管理办法》（卫生部令第18号） 《国家职业卫生标准管理办法》（卫生部令第20号） 《职业病危害项目申报管理办法》（卫生部令第21号） 《职业健康检查管理办法》（国家卫计生令第5号） 《职业病诊断与鉴定管理办法》（卫生部令第91号） 《职业卫生技术服务机构管理办法》（卫生部令第31号）等
规范性文件	《职业病危害因素分类目录》（国卫疾控发〔2015〕92号） 《建设项目职业病危害评价规范》（卫法监发〔2002〕63号） 《职业病分类和目录》（国卫疾控发〔2013〕48号） 《卫生部关于职业卫生监督管理职责分工意见的通知》（卫监督发〔2005〕31号） 《卫生部关于建设项目职业卫生审查有关问题的通知》（卫监督发〔2009〕24号） 《卫生部关于加强建设项目放射卫生审查工作的通知》（卫法监发〔2003〕239号） 《卫生部关于印发放射诊疗许可证发放管理程序的通知》（卫监督发〔2006〕479号）等
标准	1. 职业卫生专业基础标准 2. 工作场所作业条件卫生标准 3. 工业毒物、生产性粉尘、物理因素职业接触限值 4. 职业病诊断标准 5. 职业照射放射卫生标准 6. 职业防护用品卫生标准 7. 职业危害防护导则 8. 劳动生理卫生、工效学标准 9. 职业危害因素检测、检验方法

2. 职业病危害因素的分类

（1）按职业病危害因素来源分类。生产现场的作业人员在日常的生产作业过程中，可能会接触到各种各样的职业病危害因素。这些职业病危害因素，按其来源可以分为下面三类，见表4–5。

表 4-5　职业病危害因素按来源分类表

职业病危害因素分类		具体内容
生产过程中接触的危害因素	化学因素	有毒物质，如铅、汞、锰、镉、磷等金属或非金属 刺激性气体，如氨、氯、二氧化硫、二氧化氮、光气等 窒息性毒物，如一氧化碳、硫化氢、二氧化碳和氰化物等 有机溶剂，如醇类、酯类、氯烃、芳香烃等 高分子化合物及农药等 生产性粉尘，如二氧化硅粉尘、石棉尘、煤尘、毛、羽、丝等
	物理因素	异常气象条件，如高温、高湿和低温等 异常气压，如高气压、低气压等 噪声、振动、超声波等 非电离辐射，如紫外线、红外线、射频、微波、激光等 电离辐射，如 X 射线、γ 射线等
	生物因素	细菌、寄生虫或病毒，如病原微生物、炭疽杆菌、布氏杆菌等 医务人员接触含有病原微生物的病人体液等 致害动物，如接触带病菌的狗、猫等 致害植物，如有毒的花草、过敏的花粉等
劳动过程中接触的危害因素	不合理制度	劳动时间过长、工休制度不健全或不合理等
	精神过度紧张	如在生产流水线上的装配作业人员精神过度紧张等
	劳动强度大或安排不合理	如超负荷加班加点，安排的作业与劳动者生理状况不适应等
	个别器官或系统过度紧张	如光线不足引起的视力紧张等
	工具、设备不合理	长时间使用不合理的工具、设备等
作业环境中的危害因素	自然环境中的因素	如炎热季节的太阳辐射，寒冷季节的低温等
	生产场所设计不合理	如厂房矮小、狭窄，车间布置不合理等
	生产过程不合理或管理不当	环境污染，作业环境的卫生条件不符合国家卫生标准
	缺少必要的卫生设施	如没有通风换气、照明设施或净化烟尘、污水的设施等
	安全用品配置有缺陷	不配备应有的安全用品，使用已淘汰的安全用品等

（2）按职业病危害因素性质分类。职业病危害因素按其性质可分为三类，见表 4–6。

表 4–6 职业病危害因素按性质分类表

职业病危害因素分类	具体内容
环境因素	物理因素，如异常气象条件、异常气压、噪声、振动、电离辐射 化学因素，如生产性毒物和粉尘 生物因素，如炭疽杆菌、霉菌、布氏杆菌、病毒等
与职业有关的其他因素	不适合的生产布局 不适合的劳动制度等
其他因素	与劳动过程有关的劳动者生理、劳动者心理方面的因素等

3. 常见职业病的种类

根据《职业病防治法》的规定，2013 年 12 月 23 日，国家卫生计生委、人力资源和社会保障部、安全监管总局、全国总工会四部门联合印发《职业病分类和目录》，将职业病分为 10 大类 132 种，职业病具体种类见表 4–7。

表 4–7 职业病分类表

职业病分类	职业病种类
一、职业性尘肺病及其他呼吸系统疾病	（一）尘肺病 1. 矽肺；2. 煤工尘肺；3. 石墨尘肺；4. 炭黑尘肺；5. 石棉肺；6. 滑石尘肺；7. 水泥尘肺；8. 云母尘肺；9. 陶工尘肺；10. 铝尘肺；11. 电焊工尘肺；12. 铸工尘肺；13. 根据《尘肺病诊断标准》和《尘肺病理诊断标准》可以诊断的其他尘肺 （二）其他呼吸系统疾病 1. 过敏性肺炎；2. 棉尘病；3. 哮喘；4. 金属及其化合物粉尘肺沉着病（锡、铁、锑、钡及其化合物等）；5. 刺激性化学物所致慢性阻塞性肺疾病；6. 硬金属肺病
二、职业性皮肤病	1. 接触性皮炎；2. 光接触性皮炎；3. 电光性皮炎；4. 黑变病；5. 痤疮；6. 溃疡；7. 化学性皮肤灼伤；8. 白斑；9. 根据《职业性皮肤病的诊断总则》可以诊断的其他职业性皮肤病
三、职业性眼病	1. 化学性眼部灼伤；2. 电光性眼炎；3. 白内障（含放射性白内障、三硝基甲苯白内障）

续表

职业病分类	职业病种类
四、职业性耳鼻喉口腔疾病	1. 噪声聋；2. 铬鼻病；3. 牙酸蚀病；4. 爆震聋
五、职业性化学中毒	1. 铅及其化合物中毒（不包括四乙基铅）；2. 汞及其化合物中毒；3. 锰及其化合物中毒；4. 镉及其化合物中毒；5. 铍病；6. 铊及其化合物中毒；7. 钡及其化合物中毒；8. 钒及其化合物中毒；9. 磷及其化合物中毒；10. 砷及其化合物中毒；11. 铀及其化合物中毒；12. 砷化氢中毒；13. 氯气中毒；14. 二氧化硫中毒；15. 光气中毒；16. 氨中毒；17. 偏二甲基肼中毒；18. 氮氧化合物中毒；19. 一氧化碳中毒；20. 二硫化碳中毒；21. 硫化氢中毒；22. 磷化氢、磷化锌、磷化铝中毒；23. 氟及其无机化合物中毒；24. 氰及腈类化合物中毒；25. 四乙基铅中毒；26. 有机锡中毒；27. 羰基镍中毒；28. 苯中毒；29. 甲苯中毒；30. 二甲苯中毒；31. 正己烷中毒；32. 汽油中毒；33. 一甲胺中毒；34. 有机氟聚合物单体及其热裂解物中毒；35. 二氯乙烷中毒；36. 四氯化碳中毒；37. 氯乙烯中毒；38. 三氯乙烯中毒；39. 氯丙烯中毒；40. 氯丁二烯中毒；41. 苯的氨基及硝基化合物（不包括三硝基甲苯）中毒；42. 三硝基甲苯中毒；43. 甲醇中毒；44. 酚中毒；45. 五氯酚（钠）中毒；46. 甲醛中毒；47. 硫酸二甲酯中毒；48. 丙烯酰胺中毒；49. 二甲基甲酰胺中毒；50. 有机磷中毒；51. 氨基甲酸酯类中毒；52. 杀虫脒中毒；53. 溴甲烷中毒；54. 拟除虫菊酯类中毒；55. 铟及其化合物中毒；56. 溴丙烷中毒；57. 碘甲烷中毒；58. 氯乙酸中毒；59. 环氧乙烷中毒；60. 上述条目未提及的与职业有害因素接触之间存在直接因果联系的其他化学中毒
六、物理因素所致职业病	1. 中暑；2. 减压病；3. 高原病；4. 航空病；5. 手臂振动病；6. 激光所致眼（角膜、晶状体、视网膜）损伤；7. 冻伤
七、职业性放射性疾病	1. 外照射急性放射病；2. 外照射亚急性放射病；3. 外照射慢性放射病；4. 内照射放射病；5. 放射性皮肤疾病；6. 放射性肿瘤（含矿工高氡暴露所致肺癌）；7. 放射性骨损伤；8. 放射性甲状腺疾病；9. 放射性性腺疾病；10. 放射复合伤；11. 根据《职业性放射性疾病诊断标准（总则）》可以诊断的其他放射性损伤
八、职业性传染病	1. 炭疽；2. 森林脑炎；3. 布鲁氏菌病；4. 艾滋病（限于医疗卫生人员及人民警察）；5. 莱姆病
九、职业性肿瘤	1. 石棉所致肺癌、间皮瘤；2. 联苯胺所致膀胱癌；3. 苯所致白血病；4. 氯甲醚、双氯甲醚所致肺癌；5. 砷及其化合物所致肺癌、皮肤癌；6. 氯乙烯所致肝血管肉瘤；7. 焦炉逸散物所致肺癌；8. 六价铬化合物所致肺癌；9. 毛沸石所致肺癌、胸膜间皮瘤；10. 煤焦油、煤焦油沥青、石油沥青所致皮肤癌；11. β－萘胺所致膀胱癌
十、其他职业病	1. 金属烟热；2. 滑囊炎（限于井下工人）；3. 股静脉血栓综合征、股动脉闭塞症或淋巴管闭塞症（限于刮研作业人员）

4.4 安全生产

4.4.1 安全教育培训

安全教育培训可以赋予职工安全生产风险知识和风险防范意识与技能，使其能胜任工作，避免或减轻职业危害，防止各类事故的发生。为确保安全教育培训的贯彻，防止和减少生产安全事故，保障职工生命和财产安全，我国制定了多项涉及安全教育培训的法律、法规。现对《劳动法》《中华人民共和国安全生产法》（以下简称《安全生产法》）这两大主要法律的相关条款进行着重说明。

1.《劳动法》关于安全教育培训的规定

《劳动法》第五十二条规定："用人单位必须建立、健全劳动安全卫生制度，严格执行国家劳动安全卫生规程和标准，对劳动者进行劳动安全卫生教育，防止劳动过程中的事故，减少职业危害。"

《劳动法》第六十八条规定："用人单位应当建立职业培训制度，按照国家规定提取和使用职业培训经费，根据本单位实际，有计划地对劳动者进行职业培训。从事技术工种的劳动者，上岗前必须经过培训。"

由上述法律、法规可知，用人单位有对职工进行安全教育培训的义务，而且对于从事技术工种的职工，未经培训不得安排上岗。

2.《安全生产法》关于安全教育培训的规定

根据2021年6月10日第十三届全国人民代表大会常务委员会第二十九次会议《全国人民代表大会常务委员会关于修改〈中华人民共和国安全生产法〉的决定》，《安全生产法》进行了第三次修正，其中关于安全教育培训的规定如下。

《安全生产法》第六条规定："生产经营单位的从业人员有依法获得安全生产保障的权利，并应当依法履行安全生产方面的义务。"

《安全生产法》第二十八条规定："生产经营单位应当对从业人员进行安全生产教育和培训，保证从业人员具备必要的安全生产知识，熟悉有关的安全生产规章制度和安全操作规程，掌握本岗位的安全操作技能，了解事故应急处理措施，知悉自身在安全生产方面的权利和义务。未经安全生产教育和培训合格的从业人员，不得上岗作业。

生产经营单位使用被派遣劳动者的，应当将被派遣劳动者纳入本单位从业人员统一管理，对被派遣劳动者进行岗位安全操作规程和安全操作技能的教育和培训。劳务派遣单位应当对被派遣劳动者进行必要的安全生产教育和培训。

生产经营单位接收中等职业学校、高等学校学生实习的，应当对实习学生进行相应的安全生产教育和培训，提供必要的劳动防护用品。学校应当协助生产经营单位对实习学生进行安全生产教育和培训。

生产经营单位应当建立安全生产教育和培训档案，如实记录安全生产教育和培训的时间、内容、参加人员以及考核结果等情况。”

《安全生产法》第九十七条规定：“生产经营单位有下列行为之一的，责令限期改正，处十万元以下的罚款；逾期未改正的，责令停产停业整顿，并处十万元以上二十万元以下的罚款，对其直接负责的主管人员和其他直接责任人员处二万元以上五万元以下的罚款：

（1）未按照规定设置安全生产管理机构或者配备安全生产管理人员、注册安全工程师的；

（2）危险物品的生产、经营、储存、装卸单位以及矿山、金属冶炼、建筑施工、运输单位的主要负责人和安全生产管理人员未按照规定经考核合格的；

（3）未按照规定对从业人员、被派遣劳动者、实习学生进行安全生产教育和培训，或者未按照规定如实告知有关的安全生产事项的；

（4）未如实记录安全生产教育和培训情况的；

（5）未将事故隐患排查治理情况如实记录或者未向从业人员通报的；

（6）未按照规定制定生产安全事故应急救援预案或者未定期组织演练的；

（7）特种作业人员未按照规定经专门的安全作业培训并取得相应资格，上岗作业的。”

根据上述法律条款可知，用人单位必须对从业人员进行安全生产教育和培训，不得安排未经安全生产教育和培训不合格的从业人员上岗，否则将会受到处罚。《安全生产法》是在《劳动法》的基础上对从业人员的安全生产教育培训提出进一

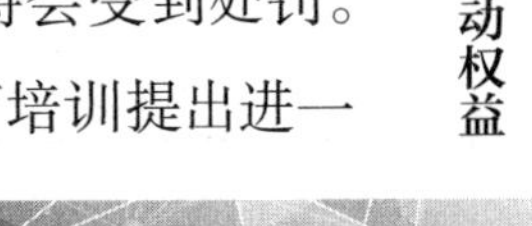

步的细化要求，并且要求从业人员必须经教育培训，且合格。用人单位在实际工作中，应按照相关要求组织实施安全教育培训，实施步骤如图 4–2 所示。

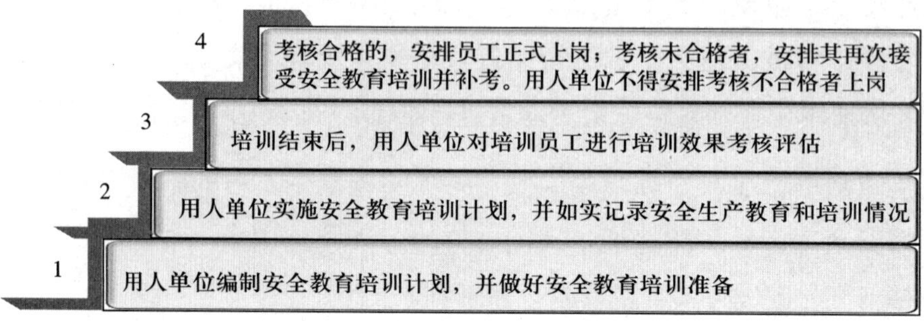

图 4–2　安全教育培训实施步骤

4.4.2　劳动防护用品

劳动防护用品是指保护生产人员在生产过程中免受或减轻事故伤害和职业危害的一种防御性装备。用人单位应根据实际安全生产、防止职业性伤害的需要，按照不同工种、不同劳动条件，向职工发放劳动防护用品，并确保劳动防护用品的有效性及使用合规性。

劳动防护用品按照防护部位可分为九类，具体见表 4–8。

表 4–8　劳动防护用品分类表

分类	说明
头部护具	★ 用于保护头部，防撞击、挤压伤害，防物料喷溅，防粉尘等的护具。主要有防尘帽、防水帽、防寒帽、安全帽、防静电帽、防高温帽、防电磁辐射帽、防昆虫帽等
呼吸护具	★ 用于保护呼吸系统，防止吸入粉尘或有毒气体。如活性炭口罩、动力呼吸保护器、防毒面具
眼护具	★ 用于保护作业人员的眼睛、面部，防止外来伤害。分为焊接用眼护具、炉窑用眼护具、防冲击眼护具、微波防护具、激光防护镜以及防 X 射线、防化学、防尘等眼护具
听力护具	★ 用于保护听觉器官，有耳塞、耳罩和帽盔三类
防护鞋	★ 用于保护足部免受伤害，如防尘鞋、防水鞋、防寒鞋、防冲击鞋、防静电鞋、防高温鞋、防酸碱鞋、防油鞋、防烫脚鞋、防滑鞋、防穿刺鞋、电绝缘鞋、防震鞋等

续表

分类	说明
防护手套	★ 用于手部保护，主要有耐酸碱手套、电工绝缘手套、电焊手套、防X射线手套、石棉手套等
防护服	★ 用于保护职工免受劳动环境中的物理、化学因素的伤害，分为特殊防护服和一般作业服两类
防坠落护具	★ 用于防止坠落事故发生，主要有安全带、安全绳和安全网
护肤用品	★ 用于外露皮肤的保护，分为护肤膏和洗涤剂

关于劳动防护用品的配置与使用，我国法律、法规也有相关规定。

1. 劳动防护用品的配置规定

《劳动法》第五十四条规定："用人单位必须为劳动者提供符合国家规定的劳动安全卫生条件和必要的劳动防护用品，对从事有职业危害作业的劳动者应当定期进行健康检查。"

《安全生产法》第二十八条第三款规定，生产经营单位接收中等职业学校、高等学校学生实习的，应当对实习学生提供必要的劳动防护用品。

由上述法律规定可知，用人单位必须为从业人员提供必要的劳动防护用品。

2. 劳动防护用品的佩戴及使用规定

《安全生产法》第四十五条规定："生产经营单位必须为从业人员提供符合国家标准或者行业标准的劳动防护用品，并监督、教育从业人员按照使用规则佩戴、使用。"

同时该法第四十七条规定："生产经营单位应当安排用于配备劳动防护用品、进行安全生产培训的经费。"

《安全生产法》不仅对用人单位监督、指导职工正确佩戴、使用劳动防护用品的义务进行了明确规定，也对从业人员在作业过程中正确佩戴和使用劳动防护用品提出了要求，如该法第五十七条规定："从业人员在作业过程中，应当严格落实岗位安全责任，遵守本单位的安全生产规章制度和操作规程，服从管理，正确佩戴和使用劳动防护用品。"

3. 未提供必要劳动防护用品的罚则

为确保用人单位能认真、及时、合规地向从业人员发放劳动防护用品，提高用人单位对劳动防护用品使用的重视程度，维护从业人员的生命财产安全，我国法律对用人单位未向从业人员提供必要劳动防护用品的行为制定了相关罚则，具体如下。

《劳动法》第九十二条规定："用人单位的劳动安全设施和劳动卫生条件不符合国家规定或者未向劳动者提供必要的劳动防护用品和劳动保护设施的，由劳动行政部门或者有关部门责令改正，可以处以罚款；情节严重的，提请县级以上人民政府决定责令停产整顿；对事故隐患不采取措施，致使发生重大事故，造成劳动者生命和财产损失的，对责任人员依照刑法有关规定追究刑事责任。"

《安全生产法》第九十九条规定："生产经营单位有下列行为之一的，责令限期改正，处五万元以下的罚款；逾期未改正的，处五万元以上二十万元以下的罚款，对其直接负责的主管人员和其他直接责任人员处一万元以上二万元以下的罚款；情节严重的，责令停产停业整顿；构成犯罪的，依照刑法有关规定追究刑事责任：

（1）未在有较大危险因素的生产经营场所和有关设施、设备上设置明显的安全警示标志的；

（2）安全设备的安装、使用、检测、改造和报废不符合国家标准或者行业标准的；

（3）未对安全设备进行经常性维护、保养和定期检测的；

（4）关闭、破坏直接关系生产安全的监控、报警、防护、救生设备、设施，或者篡改、隐瞒、销毁其相关数据、信息的；

（5）未为从业人员提供符合国家标准或者行业标准的劳动防护用品的；

（6）危险物品的容器、运输工具，以及涉及人身安全、危险性较大的海洋石油开采特种设备和矿山井下特种设备未经具有专业资质的机构检测、检验合格，取得安全使用证或者安全标志，投入使用的；

（7）使用应当淘汰的危及生产安全的工艺、设备的；

（8）餐饮等行业的生产经营单位使用燃气未安装可燃气体报警装置的。"

4.4.3 特种作业人员管理

特种作业是指容易发生事故，对操作者本人、他人的安全健康及设备、设施的安全可能造成重大危害的作业。凡是从事特种作业的人员称为特种作业人员。

《安全生产法》第三十条规定："生产经营单位的特种作业人员必须按照国家有关规定经专门的安全作业培训，取得相应资格，方可上岗作业。特种作业人员的范围由国务院应急管理部门会同国务院有关部门确定。"

该法律条款明确规定，生产经营单位的特种作业人员必须持证上岗。此外《特种作业人员安全技术培训考核管理规定》对特种作业人员的范围、必须具备的条件、持证上岗要求等进行了规定。

1. 特种作业人员的范围

原国家安全生产监督管理总局发布的《特种作业人员安全技术培训考核管理规定》中规定，特种作业人员是指直接从事特种作业的从业人员，而特种作业的范围由特种作业目录规定。特种作业的范围具体见表 4–9。

表 4–9　特种作业的范围

1	电工作业	2	焊接与热切割作业	3	高处作业
4	制冷与空调作业	5	煤矿安全作业	6	金属非金属矿山安全作业
7	石油天然气安全作业	8	冶金（有色）生产安全作业	9	危险化学品安全作业
10	烟花爆竹安全作业	11	国家有关部门认定的其他作业		

2. 特种作业人员必须具备的条件

根据《特种作业人员安全技术培训考核管理规定》，特种作业人员应当符合下列条件：

（1）年满十八周岁，且不超过国家法定退休年龄；

（2）经社区或者县级以上医疗机构体检健康合格，并无妨碍从事相应特种作业的器质性心脏病、癫痫病、美尼尔氏症、眩晕症、癔症、震颤麻痹症、精神病、痴呆症以及其他疾病和生理缺陷；

（3）具有初中及以上文化程度；

（4）具备必要的安全技术知识与技能；

（5）相应特种作业规定的其他条件。

危险化学品特种作业人员除符合第（1）项、第（2）项、第（4）项和第（5）项规定的条件外，应当具备高中或者相当于高中及以上文化程度。

用人单位不得安排不符合条件的职工从事特种作业。

3. 特种作业人员持证上岗要求

根据《特种作业人员安全技术培训考核管理规定》，特种作业人员必须经专门的安全技术培训并考核合格，取得《中华人民共和国特种作业操作证》（以下简称特种作业操作证）后，方可上岗作业。具体来说，特种作业人员应先参加相关培训，再申请考试，考试合格后，申领特种作业操作证，取证培训及考试的相关要求如下。

（1）取证培训要求。特种作业操作证取证培训的要求如图 4–3 所示。

图 4–3　取证培训的要求

（2）取证考试要求。特种作业操作证取证考试的要求如图 4–4 所示。

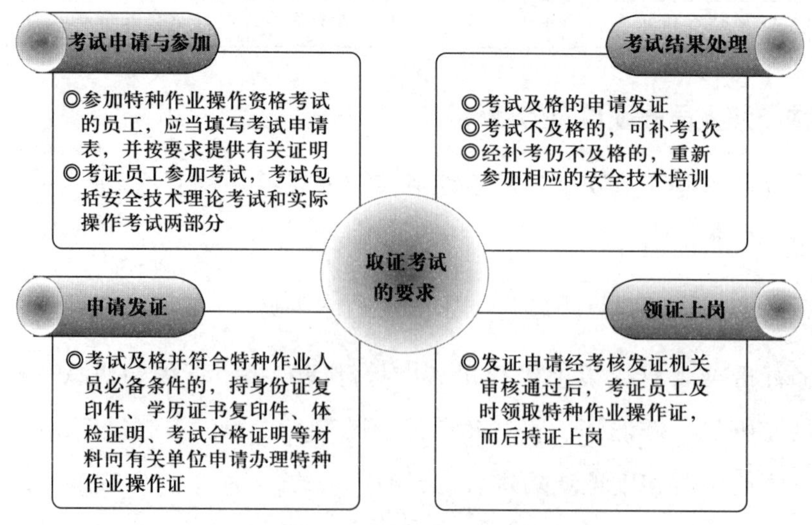

图 4–4　取证考试的要求

4.5 特殊劳动保护

劳动保护范围较为广泛，主要包括劳动安全保护、职业健康保护以及特殊群体（主要是妇女和未成年人）劳动保护，这里主要介绍女职工劳动保护与未成年人劳动保护。

4.5.1 女职工劳动保护

为保护女职工的合法权益和身体健康，减少和解决女职工在劳动中因生理特点造成的特殊困难，创造积极、健康、和谐的社会经济环境，我国对女职工实行特殊劳动保护制度。《劳动法》第五十八条明确规定："国家对女职工和未成年工实行特殊劳动保护。"

1. 女职工禁忌从事的劳动范围

《劳动法》对女职工禁忌从事的劳动范围见表 4–10。

表 4–10 《劳动法》对女职工禁忌从事的劳动范围

规定适用对象	法律条款
女职工	第五十九条规定："禁止安排女职工从事矿山井下、国家规定的第四级体力劳动强度的劳动和其他禁忌从事的劳动。"
经期女职工	第六十条规定："不得安排女职工在经期从事高处、低温、冷水作业和国家规定的第三级体力劳动强度的劳动。"
孕期女职工	第六十一条规定："不得安排女职工在怀孕期间从事国家规定的第三级体力劳动强度的劳动和孕期禁忌从事的劳动。"
哺乳期女职工	第六十三条规定："不得安排女职工在哺乳未满一周岁的婴儿期间从事国家规定的第三级体力劳动强度的劳动和哺乳期禁忌从事的其他劳动。"

《用人单位职业健康监护监督管理办法》第十二条规定：用人单位不得安排未成年工从事接触职业病危害的作业，不得安排孕期、哺乳期的女职工从事对本人和胎儿、婴儿有危害的作业。该条款也对用人单位不得安排有职业禁忌的女职工

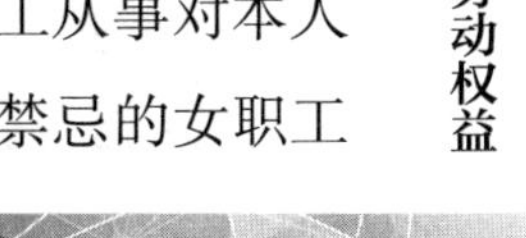

从事其所禁忌的作业进行了规定。

依据法律规定，用人单位在安排女职工工作时，应当遵守女职工禁忌从事的劳动范围的规定，并应当将本单位属于女职工禁忌从事的劳动范围的岗位书面告知女职工。一般情况下，用人单位可根据《女职工劳动保护特别规定》合理安排女职工的工作，详见表 4–11，防止违法及伤害女职工的事件发生。

表 4–11　《女职工劳动保护特别规定》对女职工禁忌从事的劳动范围的规定

情况	禁忌从事的劳动范围
女职工	1. 矿山井下作业 2. 体力劳动强度分级标准中规定的第四级体力劳动强度的作业 3. 每小时负重六次以上、每次负重超过二十公斤的作业，或者间断负重、每次负重超过二十五公斤的作业
女职工在经期	1. 冷水作业分级标准中规定的第二级、第三级、第四级冷水作业 2. 低温作业分级标准中规定的第二级、第三级、第四级低温作业 3. 体力劳动强度分级标准中规定的第三级、第四级体力劳动强度的作业 4. 高处作业分级标准中规定的第三级、第四级高处作业
女职工在孕期	1. 作业场所空气中铅及其化合物、汞及其化合物、苯、镉、铍、砷、氰化物、氮氧化物、一氧化碳、二硫化碳、氯、己内酰胺、氯丁二烯、氯乙烯、环氧乙烷、苯胺、甲醛等有毒物质浓度超过国家职业卫生标准的作业 2. 从事抗癌药物、己烯雌酚生产，接触麻醉剂气体等的作业 3. 非密封源放射性物质的操作，核事故与放射事故的应急处置 4. 高处作业分级标准中规定的高处作业 5. 冷水作业分级标准中规定的冷水作业 6. 低温作业分级标准中规定的低温作业 7. 高温作业分级标准中规定的第三级、第四级的作业 8. 噪声作业分级标准中规定的第三级、第四级的作业 9. 体力劳动强度分级标准中规定的第三级、第四级体力劳动强度的作业 10. 在密闭空间、高压室作业或者潜水作业，伴有强烈振动的作业，或者需要频繁弯腰、攀高、下蹲的作业
女职工在哺乳期	1. 孕期禁忌从事的劳动范围的第一项、第三项、第九项 2. 作业场所空气中锰、氟、溴、甲醇、有机磷化合物、有机氯化合物等有毒物质浓度超过国家职业卫生标准的作业

案例回放

小郝是某公司的一名一线职工，其工作中要与各种机器打交道，且需要进行频繁的弯腰、下蹲作业。最近她有了身孕，怕频繁的弯腰、下蹲会对胎儿不利，故向公司请求暂换一个岗位。公司以暂时没有合适的岗位，且小郝的工作暂时无人代替为由，拒绝了小郝的请求。

请问本案例中，小郝的请求合理吗？

依法说案

本案例中，根据国家法律对孕产妇的特别保护，小郝要求调换岗位的请求是合理的。

根据《劳动法》及其他相关法律规定，用人单位不能安排女职工在怀孕期间从事孕期禁忌从事的劳动。

《女职工劳动保护特别规定》附录中第三条规定，要频繁弯腰、攀高、下蹲的作业属于女职工在孕期禁忌从事的劳动范围。同时该法第十三条规定："用人单位违反本规定附录第三条、第四条规定的，由县级以上人民政府安全生产监督管理部门责令限期治理，处 5 万元以上 30 万元以下的罚款；情节严重的，责令停止有关作业，或者提请有关人民政府按照国务院规定的权限责令关闭。"

由此可见，小郝目前的工作在孕期是禁忌从事的，其调换岗位的请求是合理、合法的，用人单位若拒绝，将有可能面临有关部门的处罚。

2. 女职工夜班特别规定

《劳动法》第六十一条规定："对怀孕七个月以上的女职工，不得安排其延长工作时间和夜班劳动。"同时该法第六十三条规定："不得安排女职工在哺乳未满一周岁的婴儿期间延长工作时间和夜班劳动。"

《女职工劳动保护特别规定》第六条规定："对怀孕七个月以上的女职工，用人单位不得延长劳动时间或者安排夜班劳动，并应当在劳动时间内安排一定的休息时间。"同时该法第九条规定："对哺乳未满一周岁婴儿的女职工，用人单位不得延长劳动时间或者安排夜班劳动。"

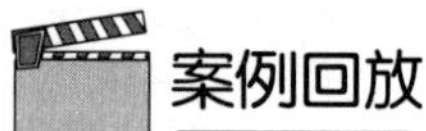

赵某在上海市一家食品加工厂工作。2020 年 11 月，赵某已怀孕七个月，在例行产检时，医院的妇产科医生建议赵某停止夜班劳动，并在工作时间内安排中间休息，以免影响胎儿健康。

从医院回来后，赵某持医院的检查证明，向厂里要求停止安排其夜班工作，并允许其在工作过程中离岗休息。该要求被工厂以工作任务繁重、人员安排不便为由拒绝。

赵某因此到当地的劳动保障监察机构投诉，请求制止工厂安排其夜班劳动的行为，并请求协调工厂每天在其工作时间安排一小时的休息时间。

1. 关于夜班安排的规定

《劳动法》第六十一条、《女职工劳动保护特别规定》第六条都明确规定，怀孕七个月以上的女职工，用人单位不得安排其从事夜班劳动。根据上述法律规定，赵某关于制止工厂安排其夜班劳动的要求是合理的。

2. 关于工作时间休息的规定

《女职工劳动保护特别规定》第六条规定："女职工在孕期不能适应原劳动的，用人单位应当根据医疗机构的证明，予以减轻劳动量或者安排其他能够适应的劳动。"

根据上述法律规定，赵某要求工作时间安排一小时休息时间的要求也是合理的。

4.5.2 未成年工劳动保护

未成年工是指年满十六周岁未满十八周岁的职工。根据《劳动法》第五十八条规定："国家对女职工和未成年工实行特殊劳动保护。"未成年工的身体发育尚未完全定型，过重的体力劳动、不良的工作体位、过度紧张的劳动、不适合的工具等都会对未成年工的正常发育产生不良影响，因此出于保护未成年工的正常发育和安全健康的考虑，我国法律对未成年工在就业年龄、职业禁忌、健康检查、工作时间等方面给予了特殊保护。

1. 就业年龄的限制

《劳动法》第十五条规定："禁止用人单位招用未满十六周岁的未成年人。文艺、体育和特种工艺单位招用未满十六周岁的未成年人，必须遵守国家有关规定，并保障其接受义务教育的权利。"

同时该法第九十四条规定："用人单位非法招用未满十六周岁的未成年人的，由劳动行政部门责令改正，处以罚款；情节严重的，由市场监督管理部门吊销营业执照。"

《中华人民共和国未成年人保护法》(以下简称《未成年人保护法》)第六十一条规定："任何组织或者个人不得招用未满十六周岁未成年人，国家另有规定的除外。"

2. 职业禁忌

身体发育还未成熟的未成年工，不能适应特别繁重及危险的工作，他们对有毒有害作业的抵抗力也较弱，因此我国法律对未成年工的职业禁忌有特殊规定。用人单位应严格遵守以下法律、法规中关于未成年工职业禁忌的规定，防止侵犯未成年工合法权益的事件发生。

《劳动法》第六十四条规定："不得安排未成年工从事矿山井下、有毒有害、国家规定的第四级体力劳动强度的劳动和其他禁忌从事的劳动。"

《未成年工特殊保护规定》(劳部发〔1994〕498号)第三条规定，用人单位不得安排未成年工从事以下范围的劳动：

(1)《生产性粉尘作业危害程度分级》国家标准中第一级以上的接尘作业；

(2)《有毒作业分级》国家标准中第一级以上的有毒作业；

(3)《高处作业分级》国家标准中第二级以上的高处作业；

(4)《冷水作业分级》国家标准中第二级以上的冷水作业；

(5)《高温作业分级》国家标准中第三级以上的高温作业；

(6)《低温作业分级》国家标准中第三级以上的低温作业；

(7)《体力劳动强度分级》国家标准中第四级体力劳动强度的作业；

(8)矿山井下及矿山地面采石作业；

(9)森林业中的伐木、流放及守林作业；

(10)工作场所接触放射性物质的作业；

(11)有易燃易爆、化学性烧伤和热烧伤等危险性大的作业；

(12)地质勘探和资源勘探的野外作业；

（13）潜水、涵洞、涵道作业和海拔三千米以上的高原作业（不包括世居高原者）；

（14）连续负重每小时在六次以上并每次超过二十公斤，间断负重每次超过二十五公斤的作业；

（15）使用凿岩机、捣固机、气镐、气铲、铆钉机、电锤的作业；

（16）工作中需要长时间保持低头、弯腰、上举、下蹲等强迫体位和动作频率每分钟大于五十次的流水线作业；

（17）锅炉司炉。

案例回放

2021年8月份，已满十六周岁的小东被某宾馆录用（该宾馆在此之前已向所在地的劳动行政部门办理了用工登记）。宾馆与小东签订劳动合同前，对其安排了健康体检。体检合格后，宾馆与小东签订了为期两年的劳动合同，约定小东的工作岗位为锅炉房司炉。

上班后前几个月，小东发现工作比较清闲，于是对这份工作很满意。但到了11月份，宾馆开始向房间供暖，小东的工作量剧增，每天为烧锅炉需要自己一个人用推车推运十几车煤，工作一天下来感觉浑身酸疼，身体渐渐吃不消了。

于是，小东向宾馆有关领导要求增加人手或给自己调换工作岗位。而宾馆的有关负责人却以劳动合同中明确约定了小东的工作岗位为由拒绝了小东的要求。因此，双方产生了争议。

依法说案

1995年1月1日施行的《未成年工特殊保护规定》中明确规定，禁止未成年工从事锅炉司炉。因此，本案例中，该宾馆安排小东从事锅炉房司炉工作违反了关于未成年工禁忌劳动范围的规定。

《劳动法》第九十五条规定："用人单位违反本法对女职工和未成年工的保护规定，侵害其合法权益的，由劳动行政部门责令改正，处以罚款；对女职工或者未成年工造成损害的，应当承担赔偿责任。"

由此可见，本案例中宾馆应为小东调换岗位。

3. 健康检查要求

《劳动法》第六十五条规定："用人单位应当对未成年工定期进行健康检查。"由此可见，对未成年工进行定期的健康检查是用人单位的一项法定义务，用人单位不得以任何借口取消。

根据《未成年工特殊保护规定》第六条规定，用人单位定期安排未成年工进行健康检查的时间要求如图 4–5 所示。

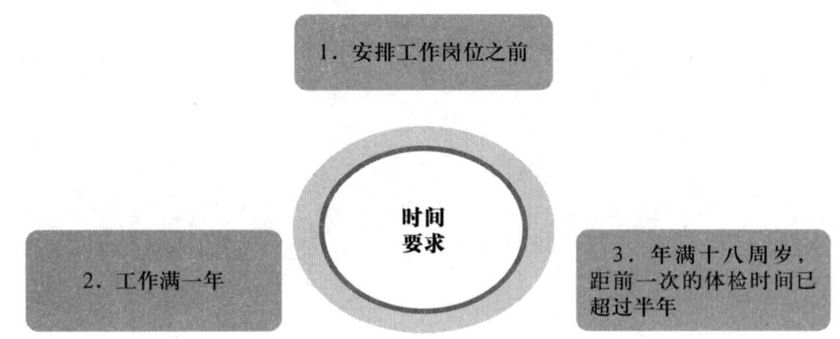

图 4–5 未成年工定期健康检查的时间要求

同时根据《未成年工特殊保护规定》第八条规定："用人单位应根据未成年工的健康检查结果安排其从事适合的劳动，对不能胜任原劳动岗位的，应根据医务部门的证明，予以减轻劳动量或安排其他劳动。"

4. 工作时间安排

《未成年人保护法》第六十一条规定："招用已满十六周岁未成年人的单位和个人应当执行国家在工种、劳动时间、劳动强度和保护措施等方面的规定，不得安排其从事过重、有毒、有害等危害未成年人身心健康的劳动或者危险作业。"

尽管法律没有对未成年工的具体工作时间进行规定，但为了保障未成年工的正常发育和继续完成文化技术学习任务，用人单位一般应对未成年工实行缩短工作时间制度，并且不宜安排其从事加班加点和夜班工作。

即学即用

1. 结合你的工作经历，谈谈国家法律对自己休假权益的保障作用。

2. 结合你的工作岗位，谈谈我国关于劳动防护的法律有哪些。

3. 张某在一家信息技术公司从事研发工作。根据公司要求，9 月期间，张某周末基本上都在加班。可是在月底结算工资时，公司财务给他的加班日工资是按照张某的月工资除以 30 天计算的。

请问，公司财务计算加班工资的标准是否正确？

4. 赵某是一家公司的职工，公司实行计时工作制。在公司已经工作了 3 年的赵某向单位申请休年假，被批准休假两周，但公司要扣发赵某两周的工资。

请问，公司的做法合理吗？赵某应该如何做？

第5章 知识产权与商业秘密

5.1 知识产权管理

5.1.1 知识产权概述

职工在工作中要注意对自己或他人的知识产权的相关保护，这既是一个经济问题，也是一个法律问题。

知识产权是人类脑力劳动的产物，是人类知识财富在法律上的承认和保护。世界知识产权组织公约将知识产权定义为在工业、科学、文学或艺术领域里的智力活动产生的所有权利。知识产权法规包括《中华人民共和国专利法》（以下简称《专利法》）、《中华人民共和国商标法》（以下简称《商标法》）、《中华人民共和国著作权法》（以下简称《著作权法》）、《中华人民共和国反不正当竞争法》（以下简称《反不正当竞争法》）等。这些知识产权管理法规的核心是保护知识产权拥有者在市场上获得利益的机会，使社会创新事业得以延续。

职工在工作中，要有知识产权意识，对自己或他人在工作中所创造的知识产权要有清晰的了解，对其价值要有一个大致的评估，同时善于利用法律、法规保护自己和他人的权利不被侵害。

5.1.2 知识产权相关法律、法规

为保护自己的合法权益，职工对知识产权相关法律、法规要有一个大概的了解。

1.《专利法》

《专利法》是确认发明人（或其权利继受人）对其发明享有专有权，规定专利权人的权利和义务的法律规范的总称。

制定《专利法》的目的是保护专利权人的合法权益，鼓励发明创造，推动发明创造的应用，提高创新能力，促进科学技术进步和经济社会发展。

职工需要了解的是，这里所称的发明创造是指发明、实用新型和外观设计。发明是指对产品、方法或者其改进所提出的新的技术方案；实用新型是指对产品的形状、构造或者其结合所提出的适于实用的新的技术方案；外观设计是指对产品的整体或者局部的形状、图案或者其结合以及色彩与形状、图案的结合所作出的富有美感并适于工业应用的新设计。

在实践中，职工要特别注意以下几点。

（1）区分职务发明创造与非职务发明创造。执行本单位的任务或者主要是利用本单位的物质技术条件所完成的发明创造为职务发明创造。职务发明创造申请专利的权利属于该单位，申请被批准后，该单位为专利权人。非职务发明创造，申请专利的权利属于发明人或者设计人，申请被批准后，该发明人或者设计人为专利权人。利用本单位的物质技术条件所完成的发明创造，单位与发明人或者设计人订有合同，对申请专利的权利和专利权的归属作出约定的，从其约定。对发明人或者设计人的非职务发明创造专利申请，任何单位或者个人不得压制。

（2）多人合作完成的发明创造专利权的确定。两个以上单位或者个人合作完成的发明创造、一个单位或者个人接受其他单位或者个人委托所完成的发明创造，除另有协议的以外，申请专利的权利属于完成或者共同完成的单位或者个人。申请被批准后，申请的单位或者个人为专利权人。

（3）谁先申请谁得。同样的发明创造只能授予一项专利权。但是，同一申请人同日对同样的发明创造既申请实用新型专利又申请发明专利，先获得的实用新型专利权尚未终止，且申请人声明放弃该实用新型专利权的，可以授予发明专利权。两个以上的申请人分别就同样的发明创造申请专利的，专利权授予最先申请的人。

2.《商标法》

《商标法》是确认商标专用权，规定商标注册、使用、转让、保护和管理的法

律规范的总称。

《商标法》的作用主要是加强商标管理，保护商标专用权，促进生产、经营者保证商品和服务质量，维护商标信誉，以保障消费者和生产、经营者的利益，促进社会主义市场经济的发展。

在具体申请过程中，申请人应当按规定的商品分类表填报使用商标的商品类别和商品名称，提出注册申请。申请人还可以通过一份申请就多个类别的商品申请注册同一商标。商标注册申请等有关文件，可以以书面方式或者数据电文方式提出。注册商标需要在核定使用范围之外的商品上取得商标专用权的，应当另行提出注册申请。注册商标需要改变其标志的，应当重新提出注册申请。

3.《著作权法》

《著作权法》是为保护文学、艺术和科学作品作者的著作权，以及与著作权有关的权益，鼓励有益于社会主义精神文明、物质文明建设的作品的创作和传播，促进社会主义文化和科学事业的发展与繁荣而制定的。

职工需要注意的是，这里所说的“作品”，内容十分广泛，它包括以各种形式创作的文学、艺术和自然科学、社会科学、工程技术等作品。作品类型有以下形式。

（1）文字作品，是指小说、诗词、散文、论文等以文字形式表现的作品。

（2）口述作品，是指即兴的演说、授课、法庭辩论等以口头语言形式表现的作品。

（3）音乐作品，是指歌曲、交响乐等能够演唱或者演奏的带词或者不带词的作品。

（4）戏剧作品，是指话剧、歌剧、地方戏等供舞台演出的作品。

（5）曲艺作品，是指相声、快书、大鼓、评书等以说唱为主要形式表演的作品。

（6）舞蹈作品，是指通过连续的动作、姿势、表情等表现思想情感的作品。

（7）杂技艺术作品，是指杂技、魔术、马戏等通过形体动作和技巧表现的作品。

（8）美术作品，是指绘画、书法、雕塑等以线条、色彩或者其他方式构成的有审美意义的平面或者立体的造型艺术作品。

（9）建筑作品，是指以建筑物或者构筑物形式表现的有审美意义的作品。

（10）摄影作品，是指借助器械在感光材料或者其他介质上记录客观物体形象的艺术作品。

（11）视听作品，是指摄制在一定介质上，由一系列有伴音或者无伴音的画面组成，并且借助适当装置放映或者以其他方式传播的作品。

（12）图形作品，是指为施工、生产绘制的工程设计图、产品设计图，以及反映地理现象、说明事物原理或者结构的地图、示意图等作品。

（13）模型作品，是指为展示、试验或者观测等用途，根据物体的形状和结构，按照一定比例制成的立体作品。

（14）计算机软件。

（15）法律、行政法规规定的其他作品。

而通常所说的“著作权”，包括下列人身权和财产权：

（1）发表权，即决定作品是否公之于众的权利。

（2）署名权，即表明作者身份，在作品上署名的权利。

（3）修改权，即修改或者授权他人修改作品的权利。

（4）保护作品完整权，即保护作品不受歪曲、篡改的权利。

（5）复制权，即以印刷、复印、拓印、录音、录像、翻录、翻拍、数字化等方式将作品制作一份或者多份的权利。

（6）发行权，即以出售或者赠与方式向公众提供作品的原件或者复制件的权利。

（7）出租权，即有偿许可他人临时使用视听作品、计算机软件的原件或者复制件的权利，计算机软件不是出租的主要标的的除外。

（8）展览权，即公开陈列美术作品、摄影作品的原件或者复制件的权利。

（9）表演权，即公开表演作品，以及用各种手段公开播送作品的表演的权利。

（10）放映权，即通过放映机、幻灯机等技术设备公开再现美术、摄影、视听作品等的权利。

（11）广播权，即以有线或者无线方式公开传播或者转播作品，以及通过扩音器或者其他传送符号、声音、图像的类似工具向公众传播广播的作品的权利。

（12）信息网络传播权，即以有线或者无线方式向公众提供作品，使公众可以在其选定的时间和地点获得作品的权利。

（13）摄制权，即以摄制视听作品的方法将作品固定在载体上的权利。

（14）改编权，即改变作品，创作出具有独创性的新作品的权利。

（15）翻译权，即将作品从一种语言文字转换成另一种语言文字的权利。

（16）汇编权，即将作品或者作品的片段通过选择或者编排，汇集成新作品的权利。

（17）应当由著作权人享有的其他权利。

在现实中，著作权人可以许可他人行使第（5）项至第（17）项规定的权利，并依照约定或者相关法规获得报酬。

4.《反不正当竞争法》

《反不正当竞争法》旨在规范社会主义市场经济秩序，倡导公平有序的竞争，对于保护合法市场参与者的权益和打击不法市场经济行为有着重要意义。

《反不正当竞争法》在总则中确定县级以上人民政府工商行政部门是不正当竞争行为的监督检查部门。法律、行政法规规定由其他部门监督检查除外。依照上述规定，其他部门如质量技术监督部门、卫生行政部门等均有监督检查的权利。

《反不正当竞争法》采用禁止性规范作为评判标准，对于不正当竞争行为的认定在很大程度上依据特定的时间和地点内经济和社会现实情况进行判断，因此可以为保护知识产权提供有效的法律救济。如《反不正当竞争法》第三十二条规定："在侵犯商业秘密的民事审判程序中，商业秘密权利人提供初步证据，证明其已经对所主张的商业秘密采取保密措施，且合理表明商业秘密被侵犯，涉嫌侵权人应当证明权利人所主张的商业秘密不属于本法规定的商业秘密。商业秘密权利人提供初步证据合理表明商业秘密被侵犯，且提供以下证据之一的，涉嫌侵权人应当证明其不存在侵犯商业秘密的行为：（一）有证据表明涉嫌侵权人有渠道或者机会获取商业秘密，且其使用的信息与该商业秘密实质上相同；（二）有证据表明商业秘密已经被涉嫌侵权人披露、使用或者有被披露、使用的风险；（三）有其他证据表明商业秘密被涉嫌侵权人侵犯。”

5.2 保密管理

5.2.1 商业秘密及要素概述

《反不正当竞争法》第九条规定，商业秘密是指不为公众所知悉、具有商业价值并经权利人采取相应保密措施的技术信息、经营信息等商业信息。由此可见，商业秘密由以下三个要素构成。

1. 具有客观秘密性

商业秘密首先必须是处于秘密状态的信息，不可能从公开的渠道所获悉。《关于禁止侵犯商业秘密行为的若干规定》中指出，不为公众所知悉，是指该信息是不能从公开渠道直接获取的。《最高人民法院关于审理不正当竞争民事案件应用法律若干问题的解释》第九条规定，有关信息不为其所属领域的相关人员普遍知悉和容易获得，应当认定为《反不正当竞争法》第九条规定的“不为公众所知悉”。

根据该解释的相关规定，具有下列情形之一的，可以认定有关信息不构成不为公众所知悉，具体如图 5–1 所示。

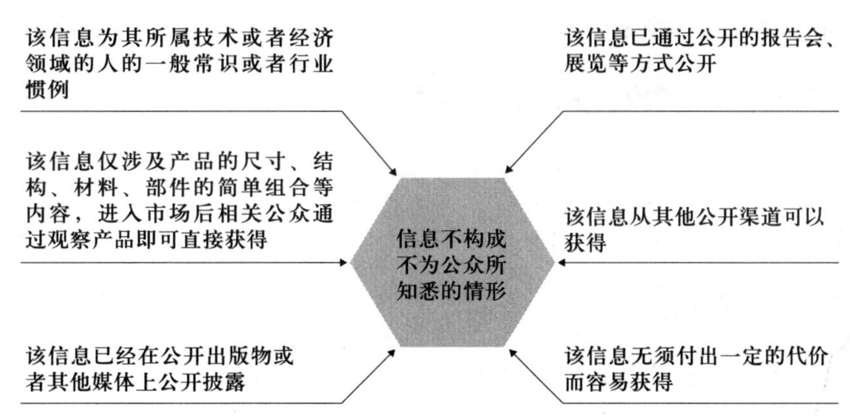

图 5–1　信息不构成不为公众所知悉的情形

2. 具有实用性和价值性

首先，商业秘密与其他理论成果的根本区别在于，商业秘密具有现实或潜在的实用性。商业秘密必须是一种现在或者将来能够应用于生产经营或者对生产经营有用的具体的技术方案和经营策略。不能直接或间接使用于生产经营活动的信息，不具有实用性，不属于商业秘密。其次，作为商业秘密的信息能为权利人带来现实的或潜在的经济利益，具有一定的经济价值。这里的经济价值既包括经济收益，也包括市场竞争优势。

《关于禁止侵犯商业秘密行为的若干规定》中指出，能为权利人带来经济利益是指该信息能为权利人带来现实的或者潜在的经济利益或者竞争优势。

3. 权利人采取了保密措施

只有当权利人采取了能够明示其保密意图的措施，才能成为法律意义上的商业秘密。

《最高人民法院关于审理不正当竞争民事案件应用法律若干问题的解释》第十一条规定，权利人为防止信息泄漏所采取的与其商业价值等具体情况相适应的合理保护措施，应当认定为《反不正当竞争法》第十条第三款规定的“保密措施”。人民法院应当根据所涉信息载体的特性、权利人保密的意愿、保密措施的可识别程度、他人通过正当方式获得的难易程度等因素，认定权利人是否采取了保密措施。具有下列情形之一，在正常情况下足以防止涉密信息泄漏的，应当认定权利人采取了保密措施。

（1）限定涉密信息的知悉范围，只对必须知悉的相关人员告知其内容。

（2）对于涉密信息载体采取加锁等防范措施。

（3）在涉密信息的载体上标有保密标志。

（4）对于涉密信息采用密码或者代码等。

（5）签订保密协议。

（6）对于涉密的机器、厂房、车间等场所限制来访者或者提出保密要求。

（7）确保信息秘密的其他合理措施。

在实践中，保密措施包括订立保密协议、建立保密制度及其他合理的保密措施，如对商业秘密的存放、使用、转移各环节采取有效的监管措施等。如用人单位与职工仅约定某些信息是商业秘密，但是除了与职工签订保密协议外，并未采取任何其他措施保守该商业秘密，每一个职工都可以轻易地获取，这种信息就不能被认定为商业秘密。

上述三个特征，是商业秘密缺一不可的构成要素。只有同时具备以上三个特征的技术信息和经营信息，才属于商业秘密。

5.2.2 商业秘密保护相关法律、法规

职工在工作中，要注意保护企业商业秘密，避免触犯相关的法律、法规。主要涉及以下法律、法规。

1.《反不正当竞争法》

在《反不正当竞争法》第九条中列举了四种关于侵犯商业秘密禁止性规范，职工在工作中要注意了解。

（1）以盗窃、贿赂、欺诈、胁迫、电子侵入或者其他不正当手段获取权利人的商业秘密。

（2）披露、使用或者允许他人使用以前项手段获取的权利人的商业秘密。

（3）违反保密义务或者违反权利人有关保守商业秘密的要求，披露、使用或者允许他人使用其所掌握的商业秘密。

（4）教唆、引诱、帮助他人违反保密义务或者违反权利人有关保守商业秘密的要求，获取、披露、使用或者允许他人使用权利人的商业秘密。第三人明知或者应知商业秘密权利人的员工、前员工或者其他单位、个人实施前款所列违法行为，仍获取、披露、使用或者允许他人使用该商业秘密的，视为侵犯商业秘密。

第二十一条规定，经营者以及其他自然人、法人和非法人组织违反第九条规定侵犯商业秘密的，由监督检查部门责令停止违法行为，没收违法所得，处十万元以上一百万元以下的罚款；情节严重的，处五十万元以上五百万元以下的罚款。

2.《民法典》

在《民法典》中规定了当事人的保密义务，要求当事人在订立合同过程中知悉的商业秘密，无论合同是否成立，不得泄露或者不正当地使用。泄露或者不正

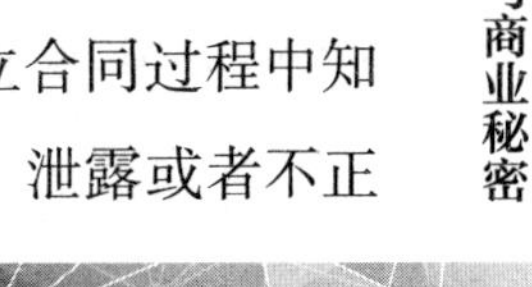

当地使用该商业秘密给对方造成损失的，应当承担损害赔偿责任。《民法典》第一千一百八十五条规定，故意侵害他人知识产权，情节严重的，被侵权人有权请求相应的惩罚性赔偿。

3.《刑法》

《刑法》第二百一十九条关于侵犯商业秘密罪以及应承担的刑事责任专门做了明确规定。

有下列侵犯商业秘密行为之一，情节严重的，处三年以下有期徒刑，并处或者单处罚金；情节特别严重的，处三年以上十年以下有期徒刑，并处罚金。

（1）以盗窃、贿赂、欺诈、胁迫、电子侵入或者其他不正当手段获取权利人的商业秘密的。

（2）披露、使用或者允许他人使用以前项手段获取的权利人的商业秘密的。

（3）违反保密义务或者违反权利人有关保守商业秘密的要求，披露、使用或者允许他人使用其所掌握的商业秘密的。明知前款所列行为，获取、披露、使用或者允许他人使用该商业秘密的，以侵犯商业秘密论。

本条所称权利人，是指商业秘密的所有人和经商业秘密所有人许可的商业秘密使用人。

4.《劳动法》

《劳动法》对商业秘密也有相关的规定。

《劳动法》第二十二条规定："劳动合同当事人可以在劳动合同中约定保守用人单位商业秘密的有关事项。"第一百零二条规定："劳动者违反本法规定的条件解除劳动合同或者违反劳动合同中约定的保密事项，对用人单位造成经济损失的，应当依法承担赔偿责任。"

5.《中华人民共和国促进科技成果转化法》

《中华人民共和国促进科技成果转化法》鼓励科技中介服务机构的发展，并对其保密义务专门做出了规定。其中，第三十条规定："国家培育和发展技术市场，鼓励创办科技中介服务机构，为技术交易提供交易场所、信息平台以及信息检索、加工与分析、评估、经纪等服务。科技中介服务机构提供服务，应当遵循公正、客观的原则，不得提供虚假的信息和证明，对其在服务过程中知悉的国家秘密和当事人的商业秘密负有保密义务。”

即学即用

1. 结合你所在的工作岗位，谈谈自己应该如何保护知识产权。

2. 结合你所在的企业，谈一下你对保密管理的认识。